# 新たな始まり

# NEW BEGINNINGS

# 新たな始まり

**キリスト信仰の基本原則を理解する**
グループまたは個人での学びに
聖句付き

## Sharon Dutra
シャロン・ドゥトラ

新たな始まり：キリスト信仰の基本原則を理解する
ISBN 978-0-578-68251-8

表紙および内装: Ajmer Singh at Upwork.com

別段の記載がない限り、すべての聖句の引用は、聖書 新改訳
©1970, 1978, 2003新日本聖書刊行会から引用しています。

Translated by Atsumi Gustafson
ガスタフソンあつみ訳

*Printed in the United States of America*

シャロンによるその他の著書:

Be Transformed: By the Spirit of the Living God 2011
（『変えられなさい：生ける神の御霊によって：邦題・仮』）
Amazon.com Amazon.comにて購入可能

本書の続編は『Fishers of Men: Becoming a Dynamic Disciple of Jesus Christ (人間をとる漁師：イエス・キリストの活力に満ちた弟子となる：邦題・仮)』と題されており、2018年に出版予定です。『Fishers of Men(人間をとる漁師)』はクリスチャンの知識を次のレベルへと高め、神へのより大きな奉仕のために備えます。『BeTransformed(変えられなさい)』は、多くの異なる教派で効果的に用いられてきました。それは、女性グループや男性グループでの学びだけでなく、個人での学びにも適しており、これまでに数え切れないほどの人生を変えてきました。

Be Transformed Ministries（ビー・トランスフォームド・ミニストリー）は、シャロンの最初の著書である『Be Transformed: By the Spirit of the Living God（変えられなさい：生ける神の御霊によって：邦題・仮）』の出版後、2011年に設立されました。このミニストリーの使命は、講演活動、小グループでの指導、継続的な出版、そして失われた人々に手を差し伸べるためのパンフレット・ミニストリーを通して、イエス・キリストの福音を伝えることです。Be Transformed Ministriesの重要な働きは、刑務所、拘置所、厚生施設に私たちの本を何千冊も寄贈することによって、そこにいる人たちに手を差し伸べることです。2017年現在、Be Transformedの本は米国内の異なる40か所の施設に置かれており、900冊以上がロサンゼルス郡刑務所に配布されています。

Be Transformed Ministriesについて詳しく知りたい方や、書籍購入を希望される方は、ウェブサイトをご覧ください。また、経済面や祈りの面で私たちとパートナーになる方法についても、betransformedministries.comをご参考ください。

フェイスブック：facebook.com/betransformedministries
Eメール: betransformed@betransformedministries.com
郵送：P.O. Box 597, Grover Beach, CA 93458
ありがとうございます！

# 献辞

　私は、長年にわたって私が教える機会に恵まれてきたすべての男性と女性に本書を捧げたいと思います。

　私が教え方を学んでいる最中も、あなた方は私を支えてくれました。時に私が手厳しい教師であった時でも、あなた方は私を愛し、私を励ましてくれました。あなた方は忍耐強く、忠実に、私たちの聖書の学びに取り組んでくれました。

　あなた方は私の潜在能力が最大限に発揮されるよう、つまり、神の恵みによって、私が可能な限り良き教師、良き著者になれるよう、絶えず私に刺激を与えてくれました。

　あなた方がいなかったら、この働きは全くできなかったはずです。私はあなた方に心から感謝しています。

　私の著書の研究、編集、校正に数え切れないほどの時間を費やしてくださったすべての方々に特別な感謝の意を表します。

　夫のマイケル、あなたは私にとって神からの最大の贈り物です。

　そしてもちろん、私の主であり救い主であるイエス・キリストの贖いの御業と愛がなければ、私の人生は、全く無茶苦茶なものになっていたでしょう。私の最大の望みは、あなたを深く愛し、私の全人生と努力を、イエス様、あなたにお捧げすることです。

# 本書の使い方

　本書は、グループでの学びにも、個人での学びにも最適です。私たちにとって最も効果的だったグループ学習の方法は、グループ内の一人一人が交代で一段落ずつ読み、その段落に出てくるすべての聖句を探して読むことです。

　本書には他にも追加してもよいテーマがありましたが、12週間の聖書の学びを容易にするために、これらの章を選びました。私たちは通常、1回のクラスに1時間45分ほどかけています。これらの学びは比較的長く、多くの聖句が含まれているので、グループで話し合うための時間はあまりないでしょう。しかし、もっと話し合いをしたい場合には、12週間の学びを延長することもできます。

　『新たな始まり』では、ニュー・リビング訳聖書（訳注：日本語訳では新改訳聖書初版）が使用されています。通常、私は学習者が自分の聖書で聖句を調べて、その書や節がどこにあるかに慣れ親しんでもらいたいと思っています。しかし、本書は基礎的な真理の本なので、初めて聖書を勉強する人もいるでしょうし、聖句を調べるのは時間がかかりすぎるでしょう。

　そのため、各章の終わりには、すべての聖句が記載されています。例えば、第一章の終わりを開くと、「第1章 聖句集」という見出しがあります。ページの左側に太字の数字があります。この数字は、ローマ 12:2$_1$ のように、本文中の各聖句の末尾にある「小さな」数字に対応しています。ここで「1」という数字は、その章の聖句集の「1」番目の聖句に対応しています。

どうか、すべての聖句を読んでください！聖書こそが、これらの学びの背後にある力なのです。時間をとってそれらを読めば、神と神の道について、多くのことを学ぶことができます。聖句を読むことを飛ばしてしまうと、本書の最も良い部分を逃してしまうことになります。

　私の願いは、すべての人が聖書をよく知るようになることです。「聖書とは？」の章では、毎日神の御言葉を学ぶことが、クリスチャン生活の中で最も不可欠な側面の一つであることを学びます。

　あなたはグループを進行させながら、あなた自身の手法を開発していくことになりますが、提案された通りに始めれば、あなた独自の状況に最も適した方法を見つけるのに役立つでしょう。

# 目次

第1章 - 罪 ...................................................................11
    聖句集 ...................................................................17
第2章 - 悔い改め ...................................................................24
    聖句集 ...................................................................32
第3章 - 信仰 ...................................................................36
    聖句集 ...................................................................43
第4章 - 救い ...................................................................48
    聖句集 ...................................................................54
第5章 - 聖書とは? ...................................................................59
    聖句集 ...................................................................66
第6章 - 神とは？ ...................................................................72
    聖句集 ...................................................................81
第7章 - イエスとは? ...................................................................87
    聖句集 ...................................................................95
第8章 - 聖霊とは? ...................................................................106
    聖句集 ...................................................................115
第9章 - サタンとは? ...................................................................122
    聖句集 ...................................................................131
第10章 - バプテスマ（洗礼） ...................................................................143
    聖句集 ...................................................................149
第11章 - 什一献金 ...................................................................155
    聖句集 ...................................................................162
第12章 - 罪 ...................................................................169
    聖句集 ...................................................................175
著者について ...................................................................179

# 第1章
# 罪

「罪」という言葉を聞くと、あなたはどう思いますか。あなたは人々が邪悪だから悪いことをするのだと思いますか？もしかしたら、あなたは、たいていの人は善人だけれども、ただ悪い状況に巻き込まれて、ひどいことを「せざるを得なくなる」のだと思うかもしれませんね？それとも、私たちは皆、罪の性質を持って生まれており、自分の邪悪さをどうすることもできない、つまり、私たちは「罪」を犯さざるを得ないということがありえるでしょうか？

## 罪とは何か？

罪の本来の意味は、「的を外す」という言葉で説明することができます。アーチェリーの用語です。私たちは皆、「標的」を射抜くのが完璧な得点であることを知っています。この類比は、神がアダムとエバを創造されたときの物語に関連しています。神は、彼らがご自分と完全に一致して暮らし、ご自分の完全な意志を行い、ご自分との完全な親密さを持つことを意図されました。罪悪感、恥、悪、プライド、貪欲、利己主義というような障壁も、また、その結果として生じる罰もありませんでした。ですが、私たちの大半はその話を知っています – エバは実をかじり、アダムも自分と一緒に不従順になるように勧めました（創世記 3:1-19$_1$）。罪の悲劇的な結果は「神から引き離されること」です。あなたが神から離れて生きてきたなら、この別離は大した問題ではないように思えるかもしれません。しかし、神はすべての良いものの贈り主であり、神の不在は、私たちの生活から愛、喜び、平和、希望を失うことを意味します。そのために、私たちは時に、とても虚しく、孤独に感じ、

目的がないと思えるのです。

　アダムとエバを通して人類に罪が入ってきて以来、すべての人間は生まれた時点で神から霊的に遠ざけられています。この分離は、私たちが神に降伏するという意識的な決断をするまで、私たちの人生に残り続けます。私たちはこの状況から自らを助け出すことはできません。私たちの生まれつきの性質が身勝手で、利己的であるからであり、私たちは自分のことは自分でできると信じているからです。しかし、「自己」が私たちの問題の根源なのです（エレミヤ 17:9[2]）！

　実際に、聖書は、私たちがイエスを心に招き入れるまで、私たちの霊は文字通り**死んで**いると言っています（エペソ 2:1–3[3]; コロサイ 2:13[4]）。これは信じにくいことかもしれません。私たちは、神なしでも幸せそうに見える人たちを見たことがあるからです。彼らは自分たちのことを「霊的な人間」であるとさえ言うかもしれません。しかし、神は、私たちの霊が生きることのできる唯一の真の道は、イエスが聖霊によって、私たちの内に住んでいてくださる場合だけであると言われます。

　私たちの生まれながらの罪の性質が私たちを神から遠ざけるもう一つの理由は、神はご自分のおられる所に罪の存在を容認することができないからです。さらに悪いことには、私たちにはどうやっても自分の罪の代償を支払うことはできません。神の介入なしでは、私たちは神と関係を持つとができるほどの「良い」人間になろうとすることすらもできません。神は完全に聖く、私たちは一生懸命に努力しても、神の完璧な道徳的基準を満たすことはできないのです（ローマ 3:10[5];1 ペテロ 1:15[6]）。

　実のところ、私たちは自分自身では全く罪を克服することができません（ローマ 5:1-21[7];7:14 - 8:8[8];1 ヨハネ 3:4-10[9]）。あなたがそれを信じないというなら、私たちの世界を見渡してください。依存症、貪欲、憎しみ、殺人、嘘、恐れ、そして怒りが蔓延しています。あるいは、どんな2歳児でも見てください。彼らは自己中心的または反抗的になるように教えられてはいません。ただ「自然に」そうなるのです！それに、あなたが「私はもう二度とそれはすまい！」と自分自身に言っておきながら、自分でも嫌気のさすその行為や態度を繰り返したことが何度あったでしょうか？これらは人間の根本的

な本質 - 罪の性質 - の完璧な例です。

私たちが「良い」人だと思う人たちでさえ、罪がないわけではありません。ヨハネ 16:9 は、最大の罪は、神ご自身であるイエスを信じようとしないことだと告げています。それは、イエスが「道であり、真理であり、いのち」であり、誰もイエスを通してでなければ、父なる神のもとに来ることができないからです ( ヨハネ 14:6[10])。

罪はどう猛な敵であり、あなたがそれを抑制しなければ、それは常にあなたを征服します ( 創世記 4:7[11];2 ペテロ 2:19[12])。そのために、私たちはお金、地位、セックス、権力、名声、欲求や財産を追い求めることで自分自身を満足させようとしても、本当の平安や満足を見つけることができないのです。自分自身に仕えようと努力することは、決まって私たちの魂に虚しさを生み出します。私たちは、神と親密な関係を持って生き、神を愛し、神に仕えることによって喜びと満足を得るように創造されたからです。

残念ながら、世界の大半はキリスト信仰に至ることはないでしょう。それは犠牲の大きい決断です。主は私たちの完全な忠誠を求められます。イエスのために生きることは、私たちの生活のあらゆる側面－私たちの思考、願望、意志、感情、体、選択、財政、そして私たちの未来 - を包含するものです。

## 私はやってない！

キリストにあって生きることを選ぶ際の最大の障害の一つは、私たちが自分の罪に対する責任を最小限に評価したがることです。大半の私たちは、自分が間違っていることをなかなか認められません。私たちが実際に間違っているときに自分の振舞いを変えるのはさらに難しいことです。私たちは、嘘、殺人、性的乱交、盗みなどの「大きな」罪を犯さないからといって、自分に罪がないわけではないことに気づかなければなりません。うわさ話、恐れ、憎しみ、偏見、利己主義、無礼さ、プライドなど、私たちの心には多くの罪が潜んでいます。

さらに、聖書は、他の形態の罪は「何が正しいかを知りながら、それをしないこと」、また「間違っていることを知りながら、とにかくそれを行なうこと」だと教えてくれています ( ヤコブ 4:17[13]; ローマ 14:23[14])。私たちの

罪深さは、1 ヨハネ 2:15-17[15] において、とてもよく要約されていると言えます。

　私たちが認めるかどうかにかかわらず、私たちは神や他の人々からの赦しを切実に必要としています。これは健全な関係の中で生活するために不可欠な要素です。私たちは、善と悪、正と邪があること、また、自分たちが行ったことに赦しを受ける必要があることを本能的に知っています。赦しは、自分自身と他者や神との間に存在する罪悪感と恥の壁を取り除くことによって、私たちの心に平安をもたらします。次章では、悔い改めという主題について考察します。それは、「自己」から焦点を外して、私たちの人生を意図的に神の御手の中に置く、という私たちの決断を描写するものです。

## 私たちの選択が永遠を決定する

　神は意地悪で怒っていて、私たちが罪を犯したら、私たちを「やりこめよう」と待ち構えているのだと信じている人もいますが、これは嘘です。神は私たちを愛し、私たちと親密な関係を持つことを何よりも望んでおられます。ほとんどの人が理解できていないのは、神が「人々を地獄に送る」のではないということです。人々が地獄に行くのは、彼らが自分の人生を神に差し出すことを拒否するためです（ローマ 1:18-25[16]）。

　実のところ、神の両腕は大きく広げられています。自分たちの罪を後悔し、神を愛することを選ぶ人たちを受け入れる用意があるのです（イザヤ 65:1-2[17]）。私たちがどこで永遠を過ごすことになるかは完全に私たちの選択であることを、私たちが知ることが不可欠です。私たちの内にある罪は、神が象徴するすべてのものに常に敵対します。しかし、私たちには、私たちを罪から解放するという、まさにその目的のために来られた救い主がおられるのです。

　イエスは十字架上で死なれたとき、私たちの罪と罪悪感と恥を引き受けてくださいました。しかし、間違ってはいけません。神は完全に愛でありながら、また完全に正しいお方でもあります。神は私たちをとても愛してくださいますが、罪を見過ごされることはありません。もし、私たちが主を拒むことを選ぶのであれば、それは永遠に私たちの責任なのです。

　繰り返しますが、私たちがどこで永遠を過ごすかについては、**私たちの選**

択なのです。私たち全員が創造主と顔を合わせ、私たちがどのように生きたかを説明する日が来るのです ( ローマ 14:11-12[18])。

## 今まだ息のあるうちにイエスを選んでください。

あなたがまだ自分の人生にイエスを招き入れていないか、あるいは、以前にはイエスを知っていたけれども、今は主から離れて生きているというなら、この祈りを参考にして、イエスにあなたの人生の主となってくださるよう願い求めることができます。「主」とは、イエスに用いられる敬称の一つであり、それには、愛する友、且つ、尊敬されている主人という意味が含まれます。あなたと主との関係において、主は、これらの両方の地位を占めていなければなりません。

親愛なるイエス様

私は意図的にあなたを拒絶してきました。私は自分の思うがままに人生を生きることを選び、あなたのやり方に反していると分かっている選択をしてきました。私には今、それが罪だと分かります。そして、私はこれらの選択が私を孤独にし、怒らせ、虚しくし、不満にしてきたことが分かります。私は今、あなたの赦しを求めます。私は喜びと平安と希望で満たされたいです。私は、あなただけが私に本当の人生を与えてくださることを信じます。ですから、どうか私の心の中にお入りくださり、私をあなたの御霊で満たしてください。私が自ら進んで古い人生を捨て、あなたが私のために計画してくださっている新しい人生を受け入れるよう、助けてください。私はあなたのなさることがすべて理解できない時でも、全身全霊であなたに従うことを選びます。私は、私の新しい信仰において成長できるように、聖書の中で、また祈りの中であなたを捜し求め、聖書に根ざした教会を見つけることを約束します。イエスの御名において、アーメン。

今日、あなたの罪に背を向け、神の赦しと、新しい人生を生きる力を受け取りましょう！

# 第1章
# 聖句集

1. **創世記 3:1-19:** さて、神である主が造られたあらゆる野の獣のうちで、蛇が一番狡猾であった。蛇は女に言った。「あなたがたは、園のどんな木からも食べてはならない、と神は、ほんとうに言われたのですか。」女は蛇に言った。「私たちは、園にある木の実を食べてよいのです。しかし、園の中央にある木の実について、神は、『あなたがたは、それを食べてはならない。それに触れてもいけない。あなたがたが死ぬといけないからだ。』と仰せになりました。」そこで、蛇は女に言った。「あなたがたは決して死にません。あなたがたがそれを食べるその時、あなたがたの目が開け、あなたがたが神のようになり、善悪を知るようになることを神は知っているのです。」そこで女が見ると、その木は、まことに食べるのに良く、目に慕わしく、賢くするというその木はいかにも好ましかった。それで女はその実を取って食べ、いっしょにいた夫にも与えたので、夫も食べた。このようにして、ふたりの目は開かれ、それで彼らは自分たちが裸であることを知った。そこで、彼らは、いちじくの葉をつづり合わせて、自分たちの腰のおおいを作った。そよ風の吹くころ、彼らは園を歩き回られる神である主の声を聞いた。それで人とその妻は、神である主の御顔を避けて園の木の間に身を隠した。神である主は、人に呼びかけ、彼に仰せられた。「あなたは、どこにいるのか。」彼は答えた。「私は園で、あなたの声を聞きました。それで私は裸なので、恐れて、隠れました。」すると、仰せになった。「あなたが裸であるのを、だれがあなたに教えたのか。あなたは、食べてはならない、と命じておいた木から食べたのか。」人は言った。「あなたが私

のそばに置かれたこの女が、あの木から取って私にくれたので、私は食べたのです。」そこで、神である主は女に仰せられた。「あなたは、いったいなんということをしたのか。」女は答えた。「蛇が私を惑わしたのです。それで私は食べたのです。」神である主は蛇に仰せられた。「おまえが、こんな事をしたので、おまえは、あらゆる家畜、あらゆる野の獣よりものろわれる。おまえは、一生、腹ばいで歩き、ちりを食べなければならない。わたしは、おまえと女との間に、また、おまえの子孫と女の子孫との間に、敵意を置く。彼は、おまえの頭を踏み砕き、おまえは、彼のかかとにかみつく。」女にはこう仰せられた。「わたしは、あなたのみごもりの苦しみを大いに増す。あなたは、苦しんで子を産まなければならない。しかも、あなたは夫を恋い慕うが、彼は、あなたを支配することになる。」また、アダムに仰せられた。「あなたが、妻の声に聞き従い、食べてはならないとわたしが命じておいた木から食べたので、土地は、あなたのゆえにのろわれてしまった。あなたは、一生、苦しんで食を得なければならない。土地は、あなたのために、いばらとあざみを生えさせ、あなたは、野の草を食べなければならない。あなたは、顔に汗を流して糧を得、ついに、あなたは土に帰る。あなたはそこから取られたのだから。あなたはちりだから、ちりに帰らなければならない。」

2.  **エレミヤ 17:9:** 人の心は何よりも陰険で、それは直らない。だれが、それを知ることができよう。

3.  **エペソ 2:1-3:** あなたがたは自分の罪過と罪との中に死んでいた者であって、そのころは、それらの罪の中にあってこの世の流れに従い、空中の権威を持つ支配者として今も不従順の子らの中に働いている霊に従って、歩んでいました。私たちもみな、かつては不従順の子らの中にあって、自分の肉の欲の中に生き、肉と心の望むままを行ない、ほかの人たちと同じように、生まれながら御怒りを受けるべき子らでした。

4.  **コロサイ 2:13:** あなたがたは罪によって、また肉の割礼がなくて死んだ者であったのに、神は、そのようなあなたがたを、キリストと

ともに生かしてくださいました。それは、私たちのすべての罪を赦し、

5. **ローマ 3:10:** それは、次のように書いてあるとおりです。「義人は
いない。ひとりもいない。」

6. **1 ペテロ 1:15:** あなたがたを召してくださった聖なる方にならっ
て、あなたがた自身も、あらゆる行ないにおいて聖なるものとされ
なさい。

7. **ローマ 5:1-21:** ですから、信仰によって義と認められた私たちは、
私たちの主イエス・キリストによって、神との平和を持っています。
またキリストによって、いま私たちの立っているこの恵みに信仰に
よって導き入れられた私たちは、神の栄光を望んで大いに喜んでい
ます。そればかりではなく、患難さえも喜んでいます。それは、患
難が忍耐を生み出し、忍耐が練られた品性を生み出し、練られた品
性が希望を生み出すと知っているからです。この希望は失望に終わ
ることがありません。なぜなら、私たちに与えられた聖霊によって、
神の愛が私たちの心に注がれているからです。私たちがまだ弱かっ
たとき、キリストは定められた時に、不敬虔な者のために死んでく
ださいました。正しい人のためにでも死ぬ人はほとんどありません。
情け深い人のためには、進んで死ぬ人があるいはいるでしょう。し
かし私たちがまだ罪人であったとき、キリストが私たちのために死
んでくださったことにより、神は私たちに対するご自身の愛を明ら
かにしておられます。ですから、今すでにキリストの血によって義
と認められた私たちが、彼によって神の怒りから救われるのは、な
おさらのことです。もし敵であった私たちが、御子の死によって神
と和解させられたのなら、和解させられた私たちが、彼のいのちに
よって救いにあずかるのは、なおさらのことです。そればかりでな
く、私たちのために今や和解を成り立たせてくださった私たちの主
イエス・キリストによって、私たちは神を大いに喜んでいるのです。
そういうわけで、ちょうどひとりの人によって罪が世界にはいり、
罪によって死がはいり、こうして死が全人類に広がったのと同様に、
——それというのも全人類が罪を犯したからです。というのは、律

法が与えられるまでの時期にも罪は世にあったからです。しかし罪は、何かの律法がなければ、認められないものです。ところが死は、アダムからモーセまでの間も、アダムの違反と同じようには罪を犯さなかった人々をさえ支配しました。アダムはきたるべき方のひな型です。ただし、恵みには違反のばあいとは違う点があります。もしひとりの違反によって多くの人が死んだとすれば、それにもまして、神の恵みとひとりの人イエス・キリストの恵みによる賜物とは、多くの人々に満ちあふれるのです。また、賜物には、罪を犯したひとりによるばあいと違った点があります。さばきのばあいは、一つの違反のために罪に定められたのですが、恵みのばあいは、多くの違反が義と認められるからです。もしひとりの人の違反により、ひとりによって死が支配するようになったとすれば、なおさらのこと、恵みと義の賜物とを豊かに受けている人々は、ひとりの人イエス・キリストにより、いのちにあって支配するのです。こういうわけで、ちょうど一つの違反によってすべての人が罪に定められたのと同様に、一つの義の行為によってすべての人が義と認められて、いのちを与えられるのです。すなわち、ちょうどひとりの人の不従順によって多くの人が罪人とされたのと同様に、ひとりの従順によって多くの人が義人とされるのです。律法がはいって来たのは、違反が増し加わるためです。しかし、罪の増し加わるところには、恵みも満ちあふれました。それは、罪が死によって支配したように、恵みが、私たちの主イエス・キリストにより、義の賜物によって支配し、永遠のいのちを得させるためなのです。

8. **ローマ 7:14-8:8**: 私たちは、律法が霊的なものであることを知っています。しかし、私は罪ある人間であり、売られて罪の下にある者です。私には、自分のしていることがわかりません。私は自分がしたいと思うことをしているのではなく、自分が憎むことを行なっているからです。もし自分のしたくないことをしているとすれば、律法は良いものであることを認めているわけです。ですから、それを行なっているのは、もはや私ではなく、私のうちに住みついている罪なのです。私は、私のうち、すなわち、私の肉のうちに善が住

んでいないのを知っています。私には善をしたいという願いがいつもあるのに、それを実行することがないからです。私は、自分でしたいと思う善を行なわないで、かえって、したくない悪を行なっています。もし私が自分でしたくないことをしているのであれば、それを行なっているのは、もはや私ではなくて、私のうちに住む罪です。そういうわけで、私は、善をしたいと願っているのですが、その私に悪が宿っているという原理を見いだすのです。すなわち、私は、内なる人としては、神の律法を喜んでいるのに、私のからだの中には異なった律法があって、それが私の心の律法に対して戦いをいどみ、私を、からだの中にある罪の律法のとりこにしているのを見いだすのです。私は、ほんとうにみじめな人間です。だれがこの死の、からだから、私を救い出してくれるのでしょうか。私たちの主イエス・キリストのゆえに、ただ神に感謝します。ですから、この私は、心では神の律法に仕え、肉では罪の律法に仕えているのです。こういうわけで、今は、キリスト・イエスにある者が罪に定められることは決してありません。なぜなら、キリスト・イエスにある、いのちの御霊の原理が、罪と死の原理から、あなたを解放したからです。肉によって無力になったため、律法にはできなくなっていることを、神はしてくださいました。神はご自分の御子を、罪のために、罪深い肉と同じような形でお遣わしになり、肉において罪を処罰されたのです。それは、肉に従って歩まず、御霊に従って歩む私たちの中に、律法の要求が全うされるためなのです。肉に従う者は肉的なことをもっぱら考えますが、御霊に従う者は御霊に属することをひたすら考えます。肉の思いは死であり、御霊による思いは、いのちと平安です。というのは、肉の思いは神に対して反抗するものだからです。それは神の律法に服従しません。いや、服従できないのです。肉にある者は神を喜ばせることができません。

9. **1 ヨハネ 3:4-10:** 罪を犯している者はみな、不法を行なっているのです。罪とは律法に逆らうことなのです。キリストが現われたのは罪を取り除くためであったことを、あなたがたは知っています。キリストには何の罪もありません。だれでもキリストのうちにとどま

る者は、罪のうちを歩みません。罪のうちを歩む者はだれも、キリストを見てもいないし、知ってもいないのです。子どもたちよ。だれにも惑わされてはいけません。義を行なう者は、キリストが正しくあられるのと同じように正しいのです。罪のうちを歩む者は、悪魔から出た者です。悪魔は初めから罪を犯しているからです。神の子が現われたのは、悪魔のしわざを打ちこわすためです。だれでも神から生まれた者は、罪のうちを歩みません。なぜなら、神の種がその人のうちにとどまっているからです。その人は神から生まれたので、罪のうちを歩むことができないのです。そのことによって、神の子どもと悪魔の子どもとの区別がはっきりします。義を行なわない者はだれも、神から出た者ではありません。兄弟を愛さない者もそうです。

10. **ヨハネ 14:6:** イエスは彼に言われた。「わたしが道であり、真理であり、いのちなのです。わたしを通してでなければ、だれひとり父のみもとに来ることはありません。

11. **創世記 4:7:** あなたが正しく行なったのであれば、受け入れられる。ただし、あなたが正しく行なっていないのなら、罪は戸口で待ち伏せして、あなたを恋い慕っている。だが、あなたは、それを治めるべきである。」

12. **2ペテロ 2:19:** その人たちに自由を約束しながら、自分自身が滅びの奴隷なのです。人はだれかに征服されれば、その征服者の奴隷となったのです。

13. **ヤコブ 4:17:** こういうわけで、なすべき正しいことを知っていながら行なわないなら、それはその人の罪です。

14. **ローマ 14:23:** しかし、疑いを感じる人が食べるなら、罪に定められます。なぜなら、それが信仰から出ていないからです。信仰から出ていないことは、みな罪です。

15. **1ヨハネ 2:15-17:** 世をも、世にあるものをも、愛してはなりません。もしだれでも世を愛しているなら、その人のうちに御父を愛す

る愛はありません。すべての世にあるもの、すなわち、肉の欲、目の欲、暮らし向きの自慢などは、御父から出たものではなく、この世から出たものだからです。世と世の欲は滅び去ります。しかし、神のみこころを行なう者は、いつまでもながらえます。

16. **ローマ 1:18-25:** というのは、不義をもって真理をはばんでいる人々のあらゆる不敬虔と不正に対して、神の怒りが天から啓示されているからです。なぜなら、神について知りうることは、彼らに明らかであるからです。それは神が明らかにされたのです。神の、目に見えない本性、すなわち神の永遠の力と神性は、世界の創造された時からこのかた、被造物によって知られ、はっきりと認められるのであって、彼らに弁解の余地はないのです。というのは、彼らは、神を知っていながら、その神を神としてあがめず、感謝もせず、かえってその思いはむなしくなり、その無知な心は暗くなったからです。彼らは、自分では知者であると言いながら、愚かな者となり、不滅の神の御栄えを、滅ぶべき人間や、鳥、獣、はうもののかたちに似た物と代えてしまいました。それゆえ、神は、彼らをその心の欲望のままに汚れに引き渡され、そのために彼らは、互いにそのからだをはずかしめるようになりました。それは、彼らが神の真理を偽りと取り代え、造り主の代わりに造られた物を拝み、これに仕えたからです。造り主こそ、とこしえにほめたたえられる方です。アーメン。

17. **イザヤ 65:1-2:** わたしに問わなかった者たちに、わたしは尋ねられ、わたしを捜さなかった者たちに、見つけられた。わたしは、わたしの名を呼び求めなかった国民に向かって、「わたしはここだ、わたしはここだ。」と言った。わたしは、反逆の民、自分の思いに従って良くない道を歩む者たちに、一日中、わたしの手を差し伸べた。

18. **ローマ 14:11-12:** 次のように書かれているからです。「主は言われる。わたしは生きている。すべてのひざは、わたしの前にひざまずき、すべての舌は、神をほめたたえる。」こういうわけですから、私たちは、おのおの自分のことを神の御前に申し開きすることになります。

# 第2章
# 悔い改め

　神と関係を持つという考えから逃げる人はたくさんいます。彼らは「幸せで満たされる」ために、あらゆる手を尽くしながらその生涯を費やしますが、本当に深く、永続的な喜びをもたらすことのできる一人のお方に、愚かにも、意図的に抵抗するのです！

　悔い改めの本当の意味は、よく誤解されています。一部の人々は、自分たちは誰かに膝をかがめなければならないほど悪くはないと信じています。多くの人たちは、人生を一変させるという考えにたじろぎます。それが、すべてのおもしろいことや楽しいことから彼らを切り離してしまうものであるかのように聞こえるからです。しかし、本当のところは、悔い改めによって、私たちは自由を得て、真の平安と喜びを受けるのです。それは、私たちが古い行いを捨て、神が与えて下さる新しい人生を受け入れる決心をする術なのです。それは罪に背を向け、イエスに向かう行為です。

　私は、真の悔い改めを経験し、私たちの救い主と親密になるためには、私たちが通らなければならない３つの重要な段階があると思います。それは、信仰、へりくだり、そして降伏です。本書には信仰について、もっと掘り下げて扱う章がありますが、ここでは悔い改めの過程におけるその必要性を説明するために、取り上げています。

## 信仰

　信仰とは、私たちが神を信じることですが、これが、創造主とのこの美しい関係を始めるものです。私たちはまず、神が存在することを信じなければなりません。なぜなら、それ以降のことはすべて、この信条にかかっている

からです。しかし、それは神に対する私たちの知的な信念のみにとどまるものではありません。私たちは、次の一歩を踏み出し、進んで私たちの人生を主に支配していただく必要があります（エペソ 4:20-24[1]）。

「神はどこかにいる」と認めるだけでは、本当の信仰ではありません。聖書には「悪霊どももそう（神が存在すると）信じて、身震いしています」（ヤコブ 2:19[2]; 斜体強調筆者）と書かれています。真の信仰は神からの贈り物であり、このような信仰は、私たちの「信念」を、神を信頼し、神との関係に向かって進むという**能動的な決意**に変化させます。

本物の信仰は生き物のようなものです。それは、成長するために必要な、意図的な変更を続けます。この新しい旅がどんなに恐ろしいものであるかのように思えても、本物の信仰は、イエス・キリストを通して、神とのより深い結びつきを生涯にわたって探求し始めることを決意するでしょう。

## へりくだり

私たちが悔い改めるためには、へりくだることが必要です。へりくだるとは、実に、神が宇宙で唯一の完璧な存在であり、神の助けがなくては、私たちは神が意図してくださったとおりにうまく生きることができないことを、ただ認めることです。私たちは、謙虚さの反対が**反抗**であることに気づきます。罪の中で生きるとき、私たちは謙虚さを示しません。私たちは本質的に「私は自分の思い通りの生き方をする」と言っているのです。

私たちが神に反抗して生きることを選ぶとき、私たちは**プライド**に満ちているのです。そして、私たちがプライドに支配されていると、- それは神への不従順につながるのですが -、私たちは助言を喜んで受け入れず、自分の在り方を変えたいという願望を全く持ちません（2 コリント 7:10[3]）。私たちは、誰に対しても自分の意志を屈しようとしません。全能者に対してさえも。しかし、私たちがへりくだることなくキリストのために生きることは、不可能です。なぜなら、私たちは人生における「権力の座」を欲して、絶えずキリストと戦うことになるからです。これは、私たちが望んでいるかもしれない親密さや成長を損なうものです。

## 降伏

　人々が神に降伏するのを恐れるのは、しばしば、彼らが自分の生活の中にある罪深い行動を「手放し」たがらないからです。人々は、自分たちが神に対して責任を負うならば、何らかの変化が起こらなければならないことを、ある程度は本能的に知っています。これは恐怖になりえます。神との関係に入ることは、自分以外の誰かに私たちの人生の支配を明け渡すことを意味するからです。

　皮肉なことに、私たちは多くの場合、自分の人生がどれほど醜くなっても、機能しなくなっても、そこから抜け出しません。時には、私たちの古い生き方を捨て、イエスが与えてくださる新しい人生を受け入れるよりも、混乱の中にとどまる方が安全である「ように」思われます。なぜ人々が虐待的な関係や有毒な環境にとどまるのかというのと同じ原則です。つまり、彼らは怖れによって動かされているのです。

　他の人々は、クリスチャンになったら退屈だろうとか、「変わり者」だとか「不寛容」だと決めつけられるだろうと考えるために、神と親密になることを避けます。あるいは、彼らはクリスチャンだと自称する人を見ますが、そのクリスチャンがあまりにも罪深い行動をするので、その未信者は「キリスト教は効果がない」と誤って思い込みます。残念なことに、これらの偽善者たちは、未信者たちに、イエスは弱くて役に立たないのだと思わせてしまいます。人々が神を避けるもう一つの一般的な理由は、彼らがクリスチャンによって傷つけられたことがあるか、または、教会が的外れだったり、無味乾燥だったりするのを経験したことがあるからです。

　しかし、私は人々がイエス・キリストを拒絶する最も正確な理由は、イエスが真理であるということだと思います。よって、彼らは主との親密さを深めるにつれて真理に直面することになります。このことは恐怖になりえます。彼らは正直に自分自身を見つめたくないからです。彼らは、もしも注意深く自らを省みたら、イヤなものを見てしまうかもしれないと恐れています。恐れは、おそらく人々が神や神に属する人々を拒絶する最大の理由です。

　正直に認めましょう。私たちは皆、自分の勝手なルールに従って生きることから生じる苦しみや、望ましくない報いを経験してきました（ガラテヤ

5:16-17$_5$）。ありがたいことに、私たちが神を探し求め始めるのは、しばしば、私たちが不満や、空しさ、悲しみ、罪悪感、または無力さを感じる時なのです。何かが私たちに、人生がそれだけではないことを告げているのです。そして、私たちは心の底では、何であれ、それが自分には欠けていることを知っているのです。

　真に神に身を委ねることは、私たちの心、考え方、生活様式を変えます。1 コリント 13:4-7$_6$ とガラテヤ 5:22-24$_7$ に述べられているように、私たちがもっとイエスの性質を映し出すためです。神は、私たちが切実に神を望み、神を慕い求めるならば、私たちは神に出会うことができると述べられます（申命記 4:29$_8$）。神との親密さを経験することは、私たちの魂がいつも求めてきた活力、豊かさ、目的、喜び、そして平安をもたらしてくれます。

　私たちは皆、自分の利己的な選択によって支配されているときに自分の人生にもたらされる結果を見てきました。私たちは、正直になるなら、自分たちがどうしても神の御心と衝突する決断をしてしまうことを認めるでしょう。不幸というものは、いつでも、私たちが主から離れて生きるときに成る実なのです（ガラテヤ 5:19-21$_4$）。そこで問うべきは、次のことです。「私たちを愛してくださる神に降伏する前に、私たちは幾度、恥、惨めさ、孤独、または痛みに埋もれた自分を見つけなければならないのでしょうか？」

## 悔い改めへ

　悔い改めとは、実際には「180 度回転する」という意味です。実際、それは兵士が回れ右をするときの軍隊用語でした。一方向に行進していた彼らは、それから向きを変えて反対方向に移動しました。霊的な意味においても、悔い改めとは、私たちの心の態度と私たちの行動の両方において「方向転換をすること」です。私たちは罪に背を向け、そして神へと向かうのです。

　イエスを心に受け入れ、私たちの人生を変えていただくためには、私たちは自分が罪人であるという事実を受け入れ、主から離れて生きてきた生き方に悲しみを覚えなければなりません（イザヤ 57:15$_9$; マタイ 4:17$_{10}$; 使徒 2:38$_{11}$; 20:21$_{12}$）。それが悔い改めの「核心」です。私たちはまた、キリストなしで生きているとき、自分が永遠の絶望に向かっていることを認識しな

ければなりません。

　悔い改めは、私たちが神を知るようになる最初の重要なプロセスであるだけではありません。それは、私たちのクリスチャン生活における継続的な習慣になる必要があります。私たちの罪の行いには、常に、それに続いて、悲しみをもって自らの欠点を認めることが伴うべきです。罪を告白し、それに背を向けることは悔い改めの「行為」です。悔い改めは、非常に美しいものです。それは私たちの魂を清め、私たちと神や他者との関係を回復することができるからです。

　悔い改めについてのもう一つの驚くべき真理は、私たちが自分の罪のためにイエスが支払いをしてくださったことを心から受け入れたときに、主はすぐに赦してくださるということです。多くの人々は、このことをなかなか信じることができず、自分が犯した罪に対する「支払い」を続けなければならないと考えます。しかしながら、これは基本的に、私たちの罪のためにイエスが行なわれた支払いが「十分」ではなかった、つまりイエスは「私たちの助けを必要としている」ということを暗示しています。私たちは確かに自分の罪からくる当然の報いに直面し、将来それを避ける努力をしなければなりませんが、私たちが真に悔い改めて神のもとに出るとき、神は完全に赦してくださるのです。

　もちろん、私たちは完璧ではないので、間違いを犯すでしょう。しかし、私たちの罪は時々起こるべきもので、習慣であるべきではありません。私たちが悔い改めの習慣をよく身につければ、私たちの心は、柔らかく教えやすい状態に保たれます。そうすれば、私たちはつまずく度に、神の赦しを通して、魂の憩いを見つけるでしょう（１ヨハネ 1:9-10$_{13}$）。この聖書箇所の 10 節では「私たちの心をかたくなにする」ことが語られています。私たちが悔い改めて神の道に戻ることを繰り返し拒否するなら、それが起こりえます。神の赦しは、決して、私たちが何でもしたいことをするための口実ではありません。彼の慈しみ深さは、軽く受けとめるべきではありません。

## 何とかしよう！

　私たちは、キリストを主として選ぶとき、古い生き方から神に向けて、方

向を変え始めます。私たちは、利己的に自分自身を喜ばせる代わりに、主を喜ばせる選択をし始めます。そして、これが、イエスが与えて下さる豊かないのちを私たちが体験する時なのです。

　しかし、私たちにそうすることができるのは、聖霊の力によるのみです。聖霊もまた神です。御霊なしでクリスチャン生活をしようとすると、必ず宗教に終わってしまいます。それは現実には、無意味な隷属です。聖霊については、後の課でもっと学びます。

　いかなる関係においてもそうであるように、生き生きとしたつながりを持つためには、双方が努力しなければなりません。神はすでに十字架上のイエスの死を通して、私たちに対するご自分の愛を証明してくださっています。今度は、主の近くにとどまり、新しく主を優先するために、私たちにできるすべてのことをするのは、私たちの責任です（マタイ 6:33[14]）。

　私たちが積極的にキリストを追い求めるにつれ、主は私たちの側を歩み、私たちが主の御心を行うために必要な強さと指示を与え続けてくださいます。実際、主はそうすることに喜びを覚えられるのです（2 サムエル 22:20[15]; 詩篇 18:19[16];37:23[17]）! イザヤ 62:4[18] には、私たちの人生の美しき「ビフォー＆アフター（前と後）」の図式が見られます。あなたはもはや荒れ果てる（孤独で絶望的で虚しい）ことはなく、神ご自身の大切な宝になるのです（申命記 14:2[19];26:18[20]）。

　私たちが自分の意思を救い主に屈せば屈するほど、私たちはますます主に似た者となります。自分の欠点や失敗を神に打ち明けて分かち合うことは、実りあるクリスチャン生活の中に生き、成長するために不可欠な要素です。イエスは、主に絶えず従うことが容易であるとは約束しておられません。主は、私たちの状況を変えてはくださらないかもしれませんが、それらを通じて私たちと共にいてくださることを約束されます。イエスを知り、主に仕えることの喜びを得るのは、間違いなく、あなたが想像しうる最も満足のいく、エキサイティングな人生なのです！

　私たちは日ごろから悔い改めていく中で主に近づいていきます。そして、教会に出席し、聖書を読み、祈り、また、正真正銘、キリスト教の価値観を実践して生きる人々と時間を過ごすことによって、私たちの考えや行動は神

の御心により一致するようになっていきます。

　この新しい生き方は自動的にはやって来ませんし、すぐに起こるわけでもありません！新しい態度や生活パターンを身につけるには、時間と努力が必要です。しかし、覚えておいてください。イエスは、私たちが古い生き方を捨て、主が与えて下さる新しいいのちを受け入れるときに、私たちに必要な聖霊からの助けをすべて与えてくださることを約束しておられます（ローマ8:9-14$_{21}$）。

イエスは、私たちのた
め、また、ご自身の栄
光のために、
私たちの人生を転換す
ることを望んでおられ
ます！

# 第2章
# 聖句集

1.  **エペソ 4:20-24:** しかし、あなたがたはキリストのことを、このようには学びませんでした。ただし、ほんとうにあなたがたがキリストに聞き、キリストにあって教えられているのならばです。まさしく真理はイエスにあるのですから。その教えとは、あなたがたの以前の生活について言うならば、人を欺く情欲によって滅びて行く古い人を脱ぎ捨てるべきこと、またあなたがたが心の霊において新しくされ、真理に基づく義と聖をもって神にかたどり造り出された、新しい人を身に着るべきことでした。

2.  **ヤコブ 2:19:** あなたは、神はおひとりだと信じています。りっぱなことです。ですが、悪霊どももそう信じて、身震いしています。

3.  **2コリント 7:10:** 神のみこころに添った悲しみは、悔いのない、救いに至る悔い改めを生じさせますが、世の悲しみは死をもたらします。

4.  **ガラテヤ 5:19-21:** 肉の行ないは明白であって、次のようなものです。不品行、汚れ、好色、偶像礼拝、魔術、敵意、争い、そねみ、憤り、党派心、分裂、分派、ねたみ、酩酊、遊興、そういった類のものです。前にもあらかじめ言ったように、私は今もあなたがたにあらかじめ言っておきます。こんなことをしている者たちが神の国を相続することはありません。

5.  **ガラテヤ 5:16-17:** 私は言います。御霊によって歩みなさい。そうすれば、決して肉の欲望を満足させるようなことはありません。な

ぜなら、肉の願うことは御霊に逆らい、御霊は肉に逆らうからです。この二つは互いに対立していて、そのためあなたがたは、自分のしたいと思うことをすることができないのです。

6. **1コリント 13:4-7:** 愛は寛容であり、愛は親切です。また人をねたみません。愛は自慢せず、高慢になりません。礼儀に反することをせず、自分の利益を求めず、怒らず、人のした悪を思わず、不正を喜ばずに真理を喜びます。すべてをがまんし、すべてを信じ、すべてを期待し、すべてを耐え忍びます。

7. **ガラテヤ 5:22-24:** しかし、御霊の実は、愛、喜び、平安、寛容、親切、善意、誠実、柔和、自制です。このようなものを禁ずる律法はありません。キリスト・イエスにつく者は、自分の肉を、さまざまの情欲や欲望とともに、十字架につけてしまったのです。

8. **申命記 4:29:** そこから、あなたがたは、あなたの神、主を慕い求め、主に会う。あなたが、心を尽くし、精神を尽くして切に求めるようになるからである。

9. **イザヤ 57:15:** いと高くあがめられ、永遠の住まいに住み、その名を聖ととなえられる方が、こう仰せられる。「わたしは、高く聖なる所に住み、心砕かれて、へりくだった人とともに住む。へりくだった人の霊を生かし、砕かれた人の心を生かすためである。

10. **マタイ 4:17:** この時から、イエスは宣教を開始して、言われた。「悔い改めなさい。天の御国が近づいたから。」

11. **使徒 2:38:** そこでペテロは彼らに答えた。「悔い改めなさい。そして、それぞれ罪を赦していただくために、イエス・キリストの名によってバプテスマを受けなさい。そうすれば、賜物として聖霊を受けるでしょう。

12. **使徒 20:21:** ユダヤ人にもギリシヤ人にも、神に対する悔い改めと、私たちの主イエスに対する信仰とをはっきりと主張したのです。

13. **1ヨハネ 1:9-10:** もし、私たちが自分の罪を言い表わすなら、神は真実で正しい方ですから、その罪を赦し、すべての悪から私たちを

きよめてくださいます。もし、罪を犯してはいないと言うなら、私たちは神を偽り者とするのです。神のみことばは私たちのうちにありません。

14. **マタイ 6:33:** だから、神の国とその義とをまず第一に求めなさい。そうすれば、それに加えて、これらのものはすべて与えられます。

15. **2サムエル 22:20:** 主は、私を広い所に連れ出し、私を助け出された。主が私を喜びとされたから。

16. **詩篇 18:19:** 主は私を広い所に連れ出し、私を助け出された。主が私を喜びとされたから。

17. **詩篇 37:23:** 人の歩みは主によって確かにされる。主はその人の道を喜ばれる。

18. **イザヤ 62:4:** あなたはもう、「見捨てられている。」と言われず、あなたの国はもう、「荒れ果てている。」とは言われない。かえって、あなたは「わたしの喜びは、彼女にある。」と呼ばれ、あなたの国は夫のある国と呼ばれよう。主の喜びがあなたにあり、あなたの国が夫を得るからである。

19. **申命記 14:2:** あなたは、あなたの神、主の聖なる民である。主は、地の面のすべての国々の民のうちから、あなたを選んでご自分の宝の民とされた。

20. **申命記 26:18:** きょう、主は、こう明言された。あなたに約束したとおり、あなたは主の宝の民であり、あなたが主のすべての命令を守るなら、

21. **ローマ 8:9-14:** けれども、もし神の御霊があなたがたのうちに住んでおられるなら、あなたがたは肉の中にではなく、御霊の中にいるのです。キリストの御霊を持たない人は、キリストのものではありません。もしキリストがあなたがたのうちにおられるなら、からだは罪のゆえに死んでいても、霊が、義のゆえに生きています。もしイエスを死者の中からよみがえらせた方の御霊が、あなたがたのうちに住んでおられるなら、キリスト・イエスを死者の中からよみ

がえらせた方は、あなたがたのうちに住んでおられる御霊によって、あなたがたの死ぬべきからだをも生かしてくださるのです。ですから、兄弟たち。私たちは、肉に従って歩む責任を、肉に対して負ってはいません。もし肉に従って生きるなら、あなたがたは死ぬのです。しかし、もし御霊によって、からだの行ないを殺すなら、あなたがたは生きるのです。神の御霊に導かれる人は、だれでも神の子どもです。

# 第3章
# 信仰

　信じるという言葉は「依存、忠誠、完全な信頼」として説明されます。信じるという語は、様々な状況で使われることができます。それは、あなたの車が目的地まであなたを運んでくれるだろうという単純な確信だったり、あるいは、あなたが目で見ることのできない神への確固たる信頼のような、より複雑な信念であるかもしれません。

　私たちは、ヘブル人への手紙の中に、信仰についての最も優れた聖書的定義の一つを見ます。「信仰は望んでいる事がらを保証し、目に見えないものを確信させるものです。」(ヘブル11:1₁)。信仰によってイエスを信じ、従う時、私たちは未来への希望を与えられます。私たちは、なぜ私たちがこの地上にいるのか、そして死後にどこに行くことになるのかについての理解を得るからです。

　神は私たちに、書かれた神の御言葉である聖書をくださいました。神は私たちにご自身のことを知ってほしいと思っておられるからです。神の望みは、私たちが神の原則に従って生きる方法を学ぶことです。聖書的な信仰は、神はどのような状況にあっても、私たちを愛し、私たちを導き、私たちを守り、私たちに力を与えてくださるのだ、という私たちの信頼によって示されるものです。これが、神がすべてのクリスチャンに経験してほしいと望まれる種類の信仰なのです。

　ヘブル11:6には、こう書かれています。「信仰がなくては、神に喜ばれることはできません。神に近づく者は、神がおられること、そして、神は神を求める者に報いてくださる方であることを、信じなければならないのです。」私たちの信仰は、私たちが主とどのような関係を持つことになるのかを文字

通り決定します。私たちの大半は、主のもとに来た後、信じる以前には自分の「霊的な目」が閉じられていたことに気づきます (1 コリント 2:13-16[2])。私たちにはイエスが語られた原則を理解することができませんでした。それらは人間の知恵にあまりにも反しているように思えたからです。

信仰こそが、イエスが生きて、私たちの人生に働いておられることを私たちが信じる理由です。イエス、つまり、神の御霊がその内側に住んでいない人々は、なぜ私たちが自らを神の御手の中に置くのか、また、なぜ私たちは神の道と神のご計画に従って生きるのか、理解することができません。

信仰に至ることは一度の決断ではありません。それは私たちが心にイエスを受け入れる選択をすることから始まりますが、それは動的なプロセスを通じて成長し続けるものです。私たちが一貫して自分の道よりも主の道を選ぶ決断をしていくにつれ、私たちは主が約束される「豊かないのち」を経験し始めます。この豊かさには、平安、喜び、希望、人生の目的が含まれます。そして、私たちが主との親しい関係の中にとどまり続けるとき、主は、すべての試練を通して、私たちにご自身の誠実さを示してくださいます。最終的に、私たちは、人生に何が起ころうとも、主がご自分の御言葉に誠実であり続けられることを実感するのです。これは能動的な信仰です。

## 私の信仰はどこから来るのか？

それでは、私たちの信仰はどこから来るのかを見てみましょう。ローマ 12:3[3] には、信仰は自分自身ではなく神に由来するとあります。ですから、私たちのやるべきことは信仰を獲得することではなく、それを受け取ることです。聖書はまた、信仰は神でもあられるイエスから来ると言っています (2 ペテロ 1:1[4])。そして、時に、神は一部の人々に余分に信仰を与えられる時があります。この種の信仰は、「霊の賜物」(1 コリント 12:9[5]) と呼ばれる、聖霊の超自然的な賜物です。

ローマ 10:17[6] には、信仰はまた神の御言葉を聞くことから始まるとあります。ですから、私たちが聖書を読み、聖書の教えに耳を傾けるにつれて、信仰は精錬され、強められていきます。しかしながら、私たちの信仰が高められ、成熟させられるためには、私たちは神から学んだことに従う必要があ

ります。私たちの信仰が神、イエス、聖霊、そして聖書から来ているのは、本当に驚くべきことです！

## 実践的な信仰

人々が尋ねる質問の中で重要なものは、「この世で行動する際に、私の信仰はどのように示されるべきか？」「信仰の人として生きるとはどういう意味か？」また、「天国に行くこと以外に、信仰を持つことの意味は何か？」というものです。ヤコブ 2:14-26[7] には「働いている信仰」のことが語られています。イエスに対する本物の能動的な信仰のある人々は、イエスに似ています。そして、彼らは良い業を行ないながら生活します。それがイエスとの関係の実、つまり、副産物であるからです（ヤコブ 3:13[8]）。

人々が信仰について持っているもう一つの疑問は、彼らの祈りには本当に効果があるのかということです。もしかしたら、あなたは神があなたの祈りを少しでも聞いておられるのかどうか、疑問に思うかもしれません。祈ってきたことが全く実現しないとき、私たちはイライラすることがあります。私たちは自分の信仰に疑問を持ち始めるかもしれません。その答えは神の御性質にあります。神だけが未来を見抜く力を持っておられます。よって、神は私たちにとって何が最善かを知っておられます。

私たちは自分の問題に対する最善の答えを自分で持っていると思い、その方向に祈りますが、実のところは、私たちの解決策は、その特定の状況で神が私たちのために持っておられるご計画にそぐわないものかもしれません。そして、私たちの計画が、私たちあるいは他者にとっての最良の選択肢ではない可能性があります。私は、神が私の考えたとおりに私の祈りに答えてくださらなくて良かったと思ったことが、何度もあったのを知っています！私たちは全てのことについて祈るべきですが、結果は主にお任せするべきなのです。

## あなたの信仰が足りないのだ 1

もしかしたら、あなたはクリスチャンで、「あなたには十分な信仰がないから、あなたの祈りは答えられていないのだ」と言われたことがあるかもし

れません。これは聖書的ではありません！私たちの祈りが私たちが求めたとおりに答えられない理由はたくさんあります。私たちの信仰は神から来るので、神を心から信じる人はすべて、十分な信仰を持っているのです。

私たちの祈りが答えられないかもしれない理由の一つは、私たちが最も私たちのためになることを求めていないからです（ヤコブ 4:1-3[9]）。あるいは、私たちの生活には、祈りが聞かれる前に、私たちが告白し、悔い改める必要のある隠れた罪があるのかもしれません（ヤコブ 5:16-17[10]）。例えば、私たちは他の人の救いを祈っているかもしれません。彼らが救われるのは間違いなく神の御心です！しかし、彼らが自分たちの人生にイエスを受け入れることを拒否する場合、それは私たちの信仰と祈りとはあまり関係がなく、むしろ、彼らの頑なな反抗にもっと関係があるのかもしれません。神は私たちに対し、ご自分を押し付けられることはありません。このように、私たちの祈りが答えられないことがあるかもしれません（ヘブル 10:39[11]）。

私たちが主の心と思考を持つには、主と親密な関係を持っていなければなりません。この結合を通して私たちがますます主のようになるにつれて、私たちの祈りは変わり始め、もっと主の御心に一致するようになっていきます。私たちの心の願いが変わると、私たちは高級車や、大きな家や、多額の銀行預金口座などには、あまり関心がなくなるものです。

私たちは、新たに、他の人々に注目するようになります - 私たちほど恵まれていない人たちに。私たちは、失われた人たちや困窮している人たちを助けるための力を求め始めます。神は、他の人々が主を知ることができるように、私たちが信仰を分かち合うための力を与えてくださいます。その時になってやっと、神は私たちの祈りを豊かに祝福することができます。私たちが神の御心に従って求めるからです。

## 働きではなく、信仰

宗教の中には、人々が神を喜ばせるために様々な種類の奉仕や儀式をしなければならないものがたくさんあります。時には、彼らが天国で「代表となる」ために、彼らは子供をたくさん産まなければなりません。あるいは、彼らは割り当てられた数のドアをノックしなければなりません。はたまた、神

を喜ばせ、神の好意を得るのに十分な「良い業」を行うために、彼らは十分な数の改宗者を連れ込まなければなりません。人々が自分たちは神を喜ばせるのに十分なことをしているだろうかと悩み、毎日自分たちの救いのことを心配しながら生きているのを見るのは、胸が痛むことです。

しかしながら、聖書の神は、イエスがすでに罪の負債を支払ってくださったことを信仰を持って信頼する人々のことを、完全に喜ばれます。私たちの請求書は全額支払われています！イエスは、私たちが自分の力で背きのための支払いができるほど「十分に稼ぐ」ことができなかったであろうことを知っておられました。それで、イエスは愛をもって私たちの代わりにそれをしてくださったのです。

実際に、聖書は「何の働きも**ない**者が、不敬虔な者を義と認めてくださる方を信じるなら、その信仰が義とみなされる」と言っています（ローマ 4:5$_{12}$）。良い働きは私たちがイエスと持つ関係からもたらされる成果ですが、これらの「働き」は、私たちの主に対する愛から生じるもので、私たちが十分なことをしていないのではないかという怖れによるものではありません。

## その実について

私たちは、真の信仰は実を結ぶ信仰であることを学びました（マタイ 7:17$_{13}$; ルカ 6:45$_{14}$）。木が目に見える実を結ぶのと同じように、聖書は、私たちが神のためにする働きの目に見える結果を描写するのに、実という言葉を使用しています。この実には、聖霊の導きにしたがって、頻繁に他の人たちにイエスを伝えることが含まれます。それは、あなたが何をするにしても、毎日神に栄光をもたらすことを意味します（1 コリント 10:31$_{15}$）。また、キリストの体、つまり教会に仕えることも含まれます。この種の実は永遠です。それは永遠に存続するのです。

木（イエス）につながっている人たちは、多くの実を結びます。それは御父に栄光をもたらします（ヨハネ 15:5-8$_{16}$）。イエスは、良い実を結ばない木はすべて切り倒され、火の中に投げ込まれると言っておられます（マタイ 3:10$_{17}$）！神は、私たちの人生において結ばれた実が、ご自分に賛美と栄誉をもたらすことを望まれ、失われた人たちを神との関係に導き入れるために私

たちを用いたいと望まれています ( マタイ 25:20-45[18])。

　私たちが救いを受けるのは、私たちが神に近づき、永遠に天国に行くことができるためですが、私たちはまた、私たちに与えられた時間、才能、お金を、神の御国を前進させるために使うことが求められています。神の第一の関心は人々にあり、ご自分のために、この救われていない世に手を差し伸べるために、ご自分の御子を深く誠実に愛する人々を用いられるのです。

信仰によって、イエスを信じ、信頼する決心をしましょう！

# 第3章
# 聖句集

1. **ヘブル 11:1:** 信仰は望んでいる事がらを保証し、目に見えないものを確信させるものです。

2. **1 コリント 2:13-16:** この賜物について話すには、人の知恵に教えられたことばを用いず、御霊に教えられたことばを用います。その御霊のことばをもって御霊のことを解くのです。生まれながらの人間は、神の御霊に属することを受け入れません。それらは彼には愚かなことだからです。また、それを悟ることができません。なぜなら、御霊のことは御霊によってわきまえるものだからです。御霊を受けている人は、すべてのことをわきまえますが、自分はだれによってもわきまえられません。いったい、「だれが主のみこころを知り、主を導くことができたか。」ところが、私たちには、キリストの心があるのです。

3. **ローマ 12:3:** 私は、自分に与えられた恵みによって、あなたがたひとりひとりに言います。だれでも、思うべき限度を越えて思い上がってはいけません。いや、むしろ、神がおのおのに分け与えてくださった信仰の量りに応じて、慎み深い考え方をしなさい。

4. **2 ペテロ 1:1:** イエス・キリストのしもべであり使徒であるシモン・ペテロから、私たちの神であり救い主であるイエス・キリストの義によって私たちと同じ尊い信仰を受けた方々へ。

5. **1 コリント 12:9:** またある人には同じ御霊による信仰が与えられ、ある人には同一の御霊によって、いやしの賜物が与えられ、

6. **ローマローマ 10:17:** そのように、信仰は聞くことから始まり、聞くことは、キリストについてのみことばによるのです。

7. **ヤコブ 2:14-26:** 私の兄弟たち。だれかが自分には信仰があると言っても、その人に行ないがないなら、何の役に立ちましょう。そのような信仰がその人を救うことができるでしょうか。もし、兄弟また姉妹のだれかが、着る物がなく、また、毎日の食べ物にもこと欠いているようなときに、あなたがたのうちだれかが、その人たちに、「安心して行きなさい。暖かになり、十分に食べなさい。」と言っても、もしからだに必要な物を与えないなら、何の役に立つでしょう。それと同じように、信仰も、もし行ないがなかったなら、それだけでは、死んだものです。さらに、こう言う人もあるでしょう。「あなたは信仰を持っているが、私は行ないを持っています。行ないのないあなたの信仰を、私に見せてください。私は、行ないによって、私の信仰をあなたに見せてあげます。」あなたは、神はおひとりだと信じています。りっぱなことです。ですが、悪霊どももそう信じて、身震いしています。ああ愚かな人よ。あなたは行ないのない信仰がむなしいことを知りたいと思いますか。私たちの父アブラハムは、その子イサクを祭壇にささげたとき、行ないによって義と認められたではありませんか。あなたの見ているとおり、彼の信仰は彼の行ないとともに働いたのであり、信仰は行ないによって全うされ、そして、「アブラハムは神を信じ、その信仰が彼の義とみなされた。」という聖書のことばが実現し、彼は神の友と呼ばれたのです。人は行ないによって義と認められるのであって、信仰だけによるのではないことがわかるでしょう。同様に、遊女ラハブも、使者たちを招き入れ、別の道から送り出したため、その行ないによって義と認められたではありませんか。たましいを離れたからだが、死んだものであるのと同様に、行ないのない信仰は、死んでいるのです。

8. **ヤコブ 3:13:** あなたがたのうちで、知恵のある、賢い人はだれでしょうか。その人は、その知恵にふさわしい柔和な行ないを、良い生き方によって示しなさい。

9. **ヤコブ 4:1-3:** どこから戦いや争いがあなた方の間におこります
   か。ほかではなく、あなた方の肢体の中で戦う欲からではありませ
   んか。あなた方は欲しても得られず、人を殺し、妬んでも何もかち
   得ません。戦い争っても何も得られないのは、あなた方が求めない
   からです。求めても何も受けないのは、あなた方の求め方が悪いの
   であって、自らの欲のために使おうとするからです。

10. **ヤコブ 5:16-17:** だから、主にいやしていただくために、罪を告白
    し合い、互いのために祈りなさい。正しい人の祈りは、大きな力が
    あり、効果をもたらします。エリヤは、わたしたちと同じような人
    間でしたが、雨が降らないようにと熱心に祈ったところ、三年半に
    わたって地上に雨が降りませんでした。

11. **ヘブル 10:39:** 私たちは、恐れ退いて滅びる者ではなく、信じてい
    のちを保つ者です。

12. **ローマ 4:5:** 何の働きもない者が、不敬虔な者を義と認めてくださ
    る方を信じるなら、その信仰が義とみなされるのです。

13. **マタイ 7:17:** 同様に、良い木はみな良い実を結ぶが、悪い木は悪
    い実を結びます。

14. **ルカ 6:45:** 良い人は、その心の良い倉から良い物を出し、悪い人は、
    悪い倉から悪い物を出します。なぜなら人の口は、心に満ちている
    ものを話すからです。

15. **1コリント 10:31:** あなた方は、食べるにせよ、飲むにせよ、何を
    するにせよ、すべて神の栄光のためになさい。

16. **ヨハネ 15:5-8:** (Jesus said イエスは言われた。) わたしはぶどう
    の木、あなた方は蔓である。わたしにとどまり、わたしもとどまる
    その人が多くの実を結ぶ。あなた方はわたしなしでは何もできない
    から。わたしにとどまらぬものは蔓のように外に投げ出されて枯れ
    る。そして集めて火に投げ込まれて焼かれる。あなた方がわたしに
    とどまり、わがことばがあなたがたにとどまれば、欲するものを求
    めよ。それはかなえられよう。あなた方が多くの実を結んでわが弟

子となれば、わが父は栄化されよう。

17. **マタイ 3:10:** すでに斧は木の根に置かれている。よい実を結ばぬ木はみな切りとられて火に投げ込まれよう。

18. **マタイ 25:20-45:** すると、五タラント預かった者が来て、もう五タラント差し出して言った。『ご主人さま。私に五タラント預けてくださいましたが、ご覧ください。私はさらに五タラントもうけました。』その主人は彼に言った。『よくやった。良い忠実なしもべだ。あなたは、わずかな物に忠実だったから、私はあなたにたくさんの物を任せよう。主人の喜びをともに喜んでくれ。』二タラントの者も来て言った。『ご主人さま。私は二タラント預かりましたが、ご覧ください。さらに二タラントもうけました。』その主人は彼に言った。『よくやった。良い忠実なしもべだ。あなたは、わずかな物に忠実だったから、私はあなたにたくさんの物を任せよう。主人の喜びをともに喜んでくれ。』ところが、一タラント預かっていた者も来て、言った。『ご主人さま。あなたは、蒔かない所から刈り取り、散らさない所から集めるひどい方だとわかっていました。私はこわくなり、出て行って、あなたの一タラントを地の中に隠しておきました。さあどうぞ、これがあなたの物です。』ところが、主人は彼に答えて言った。『悪いなまけ者のしもべだ。私が蒔かない所から刈り取り、散らさない所から集めることを知っていたというのか。だったら、おまえはその私の金を、銀行に預けておくべきだった。そうすれば私は帰って来たときに、利息がついて返してもらえたのだ。だから、そのタラントを彼から取り上げて、それを十タラント持っている者にやりなさい。』だれでも持っている者は、与えられて豊かになり、持たない者は、持っているものまでも取り上げられるのです。役に立たぬしもべは、外の暗やみに追い出しなさい。そこで泣いて歯ぎしりするのです。人の子が、その栄光を帯びて、すべての御使いたちを伴って来るとき、人の子はその栄光の位に着きます。そして、すべての国々の民が、その御前に集められます。彼は、羊飼いが羊と山羊とを分けるように、彼らをより分け、羊を自分の右に、山羊を左に置きます。そうして、王は、その右にいる者たちに言います。『さ

あ、わたしの父に祝福された人たち。世の初めから、あなたがたのために備えられた御国を継ぎなさい。あなたがたは、わたしが空腹であったとき、わたしに食べる物を与え、わたしが渇いていたとき、わたしに飲ませ、わたしが旅人であったとき、わたしに宿を貸し、わたしが裸のとき、わたしに着る物を与え、わたしが病気をしたとき、わたしを見舞い、わたしが牢にいたとき、わたしをたずねてくれたからです。』すると、その正しい人たちは、答えて言います。『主よ。いつ、私たちは、あなたが空腹なのを見て、食べる物を差し上げ、渇いておられるのを見て、飲ませてあげましたか。いつ、あなたが旅をしておられるときに、泊まらせてあげ、裸なのを見て、着る物を差し上げましたか。また、いつ、私たちは、あなたのご病気やあなたが牢におられるのを見て、おたずねしましたか。』すると、王は彼らに答えて言います。『まことに、あなたがたに告げます。あなたがたが、これらのわたしの兄弟たち、しかも最も小さい者たちのひとりにしたのは、わたしにしたのです。』それから、王はまた、その左にいる者たちに言います。『のろわれた者ども。わたしから離れて、悪魔とその使いたちのために用意された永遠の火にはいれ。おまえたちは、わたしが空腹であったとき、食べる物をくれず、渇いていたときにも飲ませず、わたしが旅人であったときにも泊まらせず、裸であったときにも着る物をくれず、病気のときや牢にいたときにもたずねてくれなかった。』そのとき、彼らも答えて言います。『主よ。いつ、私たちは、あなたが空腹であり、渇き、旅をし、裸であり、病気をし、牢におられるのを見て、お世話をしなかったのでしょうか。』すると、王は彼らに答えて言います。『まことに、おまえたちに告げます。おまえたちが、この最も小さい者たちのひとりにしなかったのは、わたしにしなかったのです。』

# 第4章
# 救い

「あなたは救われなければならない」という言葉を聞くと、何が思い浮かびますか。

あなたは「ボーン・アゲイン・クリスチャン（新生クリスチャン）」のことを思い浮かべるかもしれません。言わば60年代の「ラブチャイルド」のような、異常に陽気でお気楽だけれど、実際には「現実に生きて」いないタイプの人たちです。他にも、自分の人生には全く問題がなくて、自分のことは自分で救うことができる、どうもありがとう、と考える人たちもいます。また、すきを見せることをあまりにも恐れるために、誰も信用せず、何かから「救われる」ことなど考えようともしない人たちもいます。しかし、キリスト教に本質的なこの要素について、聖書が何と教えているかを見てみましょう。

## 救いは愛の裏付け

私たちは罪について取り扱った第1章で、私たちが失われていて、自分自身を救うことができないことを学びました。それを認めようと認めまいと、私たちは皆、罪から救われることを切実に必要としています。問題の一つには、私たちが罪を好むことがあります。他の人たちが私たちの生き方が間違っていることを指摘しようとすると、私たちはそれを嫌がります。

私たちは、私たちには何でも自分の思い通りにする「自由」があると思いたがりますが、自制のない「自由」は実際には隷属です（1ペテロ $2:16_1$; 2ペテロ $2:19_2$）。あなたは「欲しいものを手に入れ」たのに、それが手に入る前にあなたが想像していたよりもはるかに意味のないものであると分かった

ことが何度ありましたか？多くの場合、私たちは、自らを喜ばせるためだけに生きていると、大きな喪失感が生まれることに気がつくでしょう。実際のところ、私たちは主イエス・キリストに降伏する時にこそ、真の自由を手にするのです（ガラテヤ 3:22$_3$）。けれども、私たちは自分の力でこれを行うことはできません。ですから、私たちは救いの必要性を見るのです。

救いという言葉は「助ける」ことを意味します。神は完璧で、聖く、純粋です。ですから、神は罪を罰せねばなりません！私たちは罪によって神から引き離されており、私たちが罪のために負っている負債は大きすぎて私たちには支払いきれないものなので、私たちには救い主が必要なのです。それは、私たちを神のもとに連れ戻すために、私たちの負債を支払うことで私たちを助けてくれる人のことです（マタイ 9:12-13$_4$; ヨハネ 3:16-17$_5$）。イエスは、まさにその目的のために、受肉された神として、地上に来られました。実に、イエスの名そのものが「救い主、救い」という意味なのです（マタイ 1:21$_6$）。

神ご自身が愛をもって私たちのためにとりなしてくださり、私たちがその罪のために受けるべき罰をご自分の身に引き受けてくださいました（エペソ 1:3-8$_7$; ガラテヤ 3:13$_8$; 1 ヨハネ 2:2$_9$）。イエスは私たちの代価を支払われました - それは死でした - 神が私たちとの関係を回復できるようにするためです（2 コリント 5:17-21$_{10}$;1 ペテロ 2:24$_{11}$）。これは和解と呼ばれます。私たちが神の必要性に気づき、悔い改めて神のもとに来るとき、私たちは新しい命を与えられ、神の家族の中に生まれるのです。「私たちの負債を支払う」というこの行為は贖いと呼ばれています。

### なぜ神は私たちの負債を支払われるのか？

私たちのために死なれたほどにまで、神がなぜ私たちを愛してくださるのかを理解することは、非常に難しいことです。私たちにとてもそのような価値がないときには、ことさらにそうです。しかし、私たちが救われるのは、神が望まれることです（1 テモテ 2:3-4$_{12}$）。私たちに対する神の愛は深く、広大です。私たちにはそれを理解することができません。しかし、神は、私たちの罪の代価が支払われているということを私たちが受け入れるための道を作ってくださったので、私たちは罪悪感や恥ずかしさを持たずに神の前に

進み出ることができます。主の御霊は私たちの中で働き続け、私たちを義とし、つまり高潔で立派で公正なものとし、私たちが主の聖さの中で主とお交わりできるようにしてくださいます。

イエスはご自身の言葉で「わたしは、失われた人を捜して救うために来たのです」（ルカ 19:9-10[13]）と私たちに告げられます。「失われた」人とは、真の生ける神との親密な関係を持たないで生きている人々のことです。神は、率先してあなたがあなたの罪から抜け出すための助けを与えてくださいました。神は、あなたと親密な結びつきを持つことができるように、あなたの罪の汚れと罪の意識を消したいと望んでおられます（詩篇 51:1-2[14]）。罪および罪の意識は、取り扱われなければならないものです。それこそが、私たちが神を求めて神との関係を楽しむことを妨げる障害だからです。

## なぜイエスは私のために死ななければならなかったのか？

すでに学んだように、神は罪に対して怒りを持っておられます。この怒りの例は、旧約聖書の中に見られます。ノアの時代の洪水と、ソドムとゴモラの話は、罪に対する神の裁きを示す二つの例です。私たちは、聖書においても、歴史的にも、不道徳のために全滅した都市や文化があるということを知っています。私たちは、私たち自身の国が急下降するのを見てきました。私たちが罪を通常のものとして受け入れてしまったからです。今や、善が悪とされ、悪が善とされています（イザヤ 5:20[15]）。

イエスは、私たちの罪の代価を支払うために選ばれました。神ご自身にしか、ご自分の怒りを処理することができなかったであろうからです。神は、人間が神の圧倒的なさばきに全く耐えることができないのを知っておられます。私たちはそれによって破壊されてしまうでしょう。そのために、イエスが私たちの罰を引き受けられたのです。イエスは神として、罪に対する神ご自身の憎悪の重みに対処しうる唯一のお方でした。

そして、まさにそれこそが福音というものです。それは、イエスが私の代わりに死んでくださったので、今や、私は神との親密な関係を経験することができるという、良い知らせです。事実上、イエスは私の邪悪さと引き換えに、ご自身の義を与えてくださいました。それはご自身が持っている神との

正しい関係のことです ( テトス 3:4-7[16])。

　私たちの中には、神と関係を持つことができるほどに善い人間は誰もいません ( ローマ 3:21-26[17])。それにもかかわらず、神は、私たちが何をしてしまったとしても、私たちを愛しておられます。私たちには、主との交わりにとどまり、主の道に従う責任があるのですが、主が、私たちが自分では全く行うことができなかった業を行なってくださったのです。そして今、私たちは本物のクリスチャンとして、御父に対して完璧な立場にあるのです ( コロサイ人 1:21-22[18])。

## すべての道は神に通ぜず

　世の中には多くの宗教があり、あなたはおそらく「すべての道は神に通じる」という言葉を聞いたことがあるでしょう。しかし、イエスは、ご自分が御父への唯一の道であると言われました ( ヨハネ 14:6[19];17:3[20]; 使徒 4:11-12[21])。イエスを心に受け入れていない人々には、この真理が理解できません。霊的 (スピリチュアル) であると主張する人は大勢いますが、彼らがイエス・キリストからの救いを受けていないなら、彼らの中にはまさに間違った「霊」が働いているのです。神の御霊を持たない人々は、イエスの主張は了見が狭く、柔軟性がなく、馬鹿げたものだと考えます (1 コリント 2:14[22])。

　しかし、考えてみると、キリスト教を除くすべての宗教には、**神が私たちを**助けるために手を差し伸べてくださるという美しさが欠けています。他のすべての「信仰」は、自らの運命を支配する人間の能力に基づいています。「神々をなだめる」ための必要条件がある場合もあって、そのために多大な労力や人間の努力を必要とするかもしれません。他の宗教は、私たちが神の助けを一切借りずに人生のすべての決断を下せるように、私たち自身を人生の「王座」に据えるという考えを促進します。しかし、これらの手法では両方とも、同様の問題が残ります。つまり、私たちの罪の性質がまだ完全に効力を維持しているのです。神だけが本当に人間の心を変えることができるのです。

　私たちが神の御国の超自然的な次元を見るためには、私たちが「新しく生まれる」必要があると、イエスご自身が言っておられます ( ヨハネ 3:1-8[23])。

私たちが一度イエスに信仰を置くと、主の御霊は霊的な事柄に関する新たな理解を私たちに与えてくれます。例えとして、私たちは新しいレベルで聖書を理解し始めます。なぜなら、聖霊の力だけが聖書を私たちに明らかにすることができるからです。

　私たちは新しい感情や、関係の持ち方を経験し始めます。救いと同時に、私たちの霊はまさに超自然的に変えられて、「生き」始めます。その結果、私たちは神に関する新しい認識を得ます。そして、私たちのキリスト信仰が成長するにつれて、私たちは救い主をより深いレベルで愛し、自分の人生をもってさらに主を喜ばせたいと願うようになります。

　イエスは、私たちが愛をもって主に従順に生きることが自由にできるように、ご自分の命を犠牲にされました。私たちには常に罪を犯す「自由」がありましたが、今や、聖霊の力によって、私たちは自分の人生においてイエスのご性質を示すことができるのです（コロサイ 3:12-15$_{24}$）。それには、他の人々のことを第一に考え、イエスのご性質そのものを行動で示すことが含まれます。つまり、愛、喜び、平安、寛容、親切、善意、柔和、誠実、自制です。聖書は、私たちが救われているのは、私たちが今、神から求められた働きをすることができるためだと教えてくれています（エペソ 2:8-10$_{25}$）。

イエスを愛し、イエスに従うことは、あなたの人生のあらゆる分野を変えます

# 第4章
## 聖句集

1. **1ペテロ 2:16:** あなたがたは自由人として行動しなさい。その自由を、悪の口実に用いないで、神の奴隷として用いなさい。

2. **2ペテロ 2:19:** その人たちに自由を約束しながら、自分自身が滅びの奴隷なのです。人はだれかに征服されれば、その征服者の奴隷となったのです。

3. **ガラテヤ 3:22:** しかし聖書は、逆に、すべての人を罪の下に閉じ込めました。それは約束が、イエス・キリストに対する信仰によって、信じる人々に与えられるためです。

4. **マタイ 9:12-13:** イエスはこれを聞いて言われた。「医者を必要とするのは丈夫な者ではなく、病人です。『わたしはあわれみは好むが、いけにえは好まない。』とはどういう意味か、行って学んで来なさい。わたしは正しい人を招くためではなく、罪人を招くために来たのです。」

5. **ヨハネ 3:16-17:** 神は、実に、そのひとり子をお与えになったほどに、世を愛された。それは御子を信じる者が、ひとりとして滅びることなく、永遠のいのちを持つためである。神が御子を世に遣わされたのは、世をさばくためではなく、御子によって世が救われるためである。

6. **マタイ 1:21:** マリヤは男の子を産みます。その名をイエスとつけなさい。この方こそ、ご自分の民をその罪から救ってくださる方です。

7. **エペソ 1:3-8:** 私たちの主イエス・キリストの父なる神がほめたた

えられますように。神はキリストにおいて、天にあるすべての霊的祝福をもって私たちを祝福してくださいました。すなわち、神は私たちを世界の基の置かれる前からキリストのうちに選び、御前で聖く、傷のない者にしようとされました。神は、ただみこころのままに、私たちをイエス・キリストによってご自分の子にしようと、愛をもってあらかじめ定めておられたのです。それは、神がその愛する方によって私たちに与えてくださった恵みの栄光が、ほめたたえられるためです。私たちは、この御子のうちにあって、御子の血による贖い、すなわち罪の赦しを受けているのです。これは神の豊かな恵みによることです。神はこの恵みを私たちの上にあふれさせ、あらゆる知恵と思慮深さをもって、

8. **ガラテヤ 3:13:** キリストは、私たちのためにのろわれたものとなって、私たちを律法ののろいから贖い出してくださいました。なぜなら、「木にかけられる者はすべてのろわれたものである。」と書いてあるからです。

9. **1ヨハネ 2:2:** この方こそ、私たちの罪のための、——私たちの罪だけでなく全世界のための、——なだめの供え物なのです。

10. **2コリント 5:17-21:** だれでもキリストのうちにあるなら、その人は新しく造られた者です。古いものは過ぎ去って、見よ、すべてが新しくなりました。これらのことはすべて、神から出ているのです。神は、キリストによって、私たちをご自分と和解させ、また和解の務めを私たちに与えてくださいました。すなわち、神は、キリストにあって、この世をご自分と和解させ、違反行為の責めを人々に負わせないで、和解のことばを私たちにゆだねられたのです。こういうわけで、私たちはキリストの使節なのです。ちょうど神が私たちを通して懇願しておられるようです。私たちは、キリストに代わって、あなたがたに願います。神の和解を受け入れなさい。神は、罪を知らない方を、私たちの代わりに罪とされました。それは、私たちが、この方にあって、神の義となるためです。

11. **1ペテロ 2:24:** そして自分から十字架の上で、私たちの罪をその身

に負われました。それは、私たちが罪を離れ、義のために生きるためです。キリストの打ち傷のゆえに、あなたがたは、いやされたのです。

12. **1テモテ 2:3-4:** そうすることは、私たちの救い主である神の御前において良いことであり、喜ばれることなのです。神は、すべての人が救われて、真理を知るようになるのを望んでおられます。

13. **ルカ 19:9-10:** イエスは、彼に言われた。「きょう、救いがこの家に来ました。この人もアブラハムの子なのですから。人の子は、失われた人を捜して救うために来たのです。」

14. **詩篇 51:1-2:** 神よ。御恵みによって、私に情けをかけ、あなたの豊かなあわれみによって、私のそむきの罪をぬぐい去ってください。どうか私の咎を、私から全く洗い去り、私の罪から、私をきよめてください。

15. **イザヤ 5:20:** ああ。悪を善、善を悪と言っている者たち。彼らはやみを光、光をやみとし、苦みを甘み、甘みを苦みとしている。

16. **テトス 3:4-7:** しかし、私たちの救い主なる神のいつくしみと人への愛とが現われたとき、神は、私たちが行なった義のわざによってではなく、ご自分のあわれみのゆえに、聖霊による、新生と更新との洗いをもって私たちを救ってくださいました。神は、この聖霊を、私たちの救い主なるイエス・キリストによって、私たちに豊かに注いでくださったのです。それは、私たちがキリストの恵みによって義と認められ、永遠のいのちの望みによって、相続人となるためです。

17. **ローマ 3:21-26:** しかし今や律法に関係なく神の義が示されました。今や、といっても、それは律法と預言書によって証されているものです。すなわち、イエス・キリストのまことによる神の義で、信ずるものすべてのためのものです。そこに差別はありません。すべての人は罪を犯したため、神の栄光を欠いています。しかし、代償なしに、神の恩恵によって、キリスト・イエスのあがないのおかげで、義とされるのです。神はキリストを宥めの供え物として差し

出されました。これは血を流すまでの彼のまことによるものです。このようなことは、人々の過去の罪を神ならではの忍耐で見のがしてご自身の義を示すためであり、さらに、今の世でご自身の義を示すためでもあります。すなわち、ご自身が義にいますとともに、イエスのまことによるものを義とする方であるためです。

18. **コロサイ 1:21-22:** あなたがたも、かつては神を離れ、心において敵となって、悪い行ないの中にあったのですが、今は神は、御子の肉のからだにおいて、しかもその死によって、あなたがたをご自分と和解させてくださいました。それはあなたがたを、聖く、傷なく、非難されるところのない者として御前に立たせてくださるためでした。

19. **ヨハネ 14:6:** イエスは彼に言われた。「わたしが道であり、真理であり、いのちなのです。わたしを通してでなければ、だれひとり父のみもとに来ることはありません。

20. **ヨハネ 17:3:** その永遠のいのちとは、彼らが唯一のまことの神であるあなたと、あなたの遣わされたイエス・キリストとを知ることです。

21. **使徒 4:11-12:** 『あなたがた家を建てる者たちに捨てられた石が、礎の石となった。』というのはこの方のことです。この方以外には、だれによっても救いはありません。世界中でこの御名のほかには、私たちが救われるべき名としては、どのような名も、人間に与えられていないからです。」

22. **1 コリント 2:14:** 生まれながらの人間は、神の御霊に属することを受け入れません。それらは彼には愚かなことだからです。また、それを悟ることができません。なぜなら、御霊のことは御霊によってわきまえるものだからです。

23. **ヨハネ 3:1-8:** 皇帝テベリオの治世の第十五年、ポンテオ・ピラトがユダヤの総督、ヘロデがガリラヤの国主、その兄弟ピリポがイツリヤとテラコニテ地方の国主、ルサニヤがアビレネの国主であり、アンナスとカヤパが大祭司であったころ、神のことばが、荒野でザ

カリヤの子ヨハネに下った。そこでヨハネは、ヨルダン川のほとりのすべての地方に行って、罪が赦されるための悔い改めに基づくバプテスマを説いた。そのことは預言者イザヤのことばの書に書いてあるとおりである。「荒野で叫ぶ者の声がする。『主の道を用意し、主の通られる道をまっすぐにせよ。すべての谷はうずめられ、すべての山と丘とは低くされ、曲がった所はまっすぐになり、でこぼこ道は平らになる。こうして、あらゆる人が、神の救いを見るようになる。』」それで、ヨハネは、彼からバプテスマを受けようとして出て来た群衆に言った。「まむしのすえたち。だれが必ず来る御怒りをのがれるように教えたのか。それならそれで、悔い改めにふさわしい実を結びなさい。『われわれの先祖はアブラハムだ。』などと心の中で言い始めてはいけません。よく言っておくが、神は、こんな石ころからでも、アブラハムの子孫を起こすことがおできになるのです。

24. **コロサイ 3:12-15:** それゆえ、神に選ばれた者、聖なる、愛されている者として、あなたがたは深い同情心、慈愛、謙遜、柔和、寛容を身に着けなさい。互いに忍び合い、だれかがほかの人に不満を抱くことがあっても、互いに赦し合いなさい。主があなたがたを赦してくださったように、あなたがたもそうしなさい。そして、これらすべての上に、愛を着けなさい。愛は結びの帯として完全なものです。キリストの平和が、あなたがたの心を支配するようにしなさい。そのためにこそあなたがたも召されて一体となったのです。また、感謝の心を持つ人になりなさい。

25. **エペソ 2:8-10:** あなたがたは、恵みのゆえに、信仰によって救われたのです。それは、自分自身から出たことではなく、神からの賜物です。行ないによるのではありません。だれも誇ることのないためです。私たちは神の作品であって、良い行ないをするためにキリスト・イエスにあって造られたのです。神は、私たちが良い行ないに歩むように、その良い行ないをもあらかじめ備えてくださったのです。

# 第5章
# 聖書とは?

　聖書は、地球上で唯一、完全に、文字通り神ご自身の感化によって記された書物です。事実、感化されたというギリシャ語は「神に息を吹き込まれた」という意味で、そのため、聖書は「神の言葉」と呼ばれています。そして、それは神が人類にご自身を明らかにする主要な方法の一つとなっています。

　聖書にはおよそ 33 人の著者による 66 巻の書があり、約 1,500 年の期間にわたって書かれました。ある人たちは、聖書はただ人間によって書かれたものであり、したがって信頼するに当たらないと主張します。しかし、聖書は、神が望まれた通りのことを正確に書くために、聖霊がこれらの人を用いられたことを、はっきりと述べています ($1$ テサロニケ $2:13_1$; $2$ ペテロ $1:20-21_2$)。

　神には誤りがありません。つまり、神は完全で、聖く、真実なお方です。ですから、私たちに対する神の御言葉は絶対的な真理です。私たちは、聖書を「カフェテリア式」に、つまり、それについて何を信じ、何を信じないかを選びながら読む時、とても危ない橋を渡っています。真理を拒絶するからといって、その人たちが神の御前でその責任を負わないわけではありません。

　神がご自身のことを私たちに説明するために聖書を用いられるのですから、私たちはそれを完全で、権威ある、神の啓示として受け入れなければなりません。地獄や裁き、個人的責任というような題材が私たちの気に入らなくても、神がこれらの重大な問題について私たちに告げられていることを受け入れ、信じ、それに基づいて行動することが絶対不可欠です。

## イエスがすべて

驚くべきことに、聖書を読むと、最初から最後までイエス・キリストがそれを貫く主要な糸であることが分かります。これは聖書の神性を証明するものの一つに過ぎません。これらの筆者たち全員が一つの共通のテーマについて書くことは、人間的に不可能だからです。ことに、彼らが互いのことを知らず、連絡を取り合わなかった場合には、なおさらです。その上、聖書の大部分は、イエスが地上を歩かれる何世紀も前に書かれたのです。

神の御言葉の最初の3分の2は旧約 (OT) です。神は人類を創造されてまもなく、世界にご自分の愛と栄光を宣言するために、イスラエルの国を選ばれました。神は彼らをイスラエルの民、またはユダヤ人と呼ばれました ( 申命記 7:6₃)。神は、彼らと永遠の契約、つまり二者間の合意、すなわち約束を結ばれました。この契約において、神は本質的に、彼らが生涯を神に捧げれば、ご自分が彼らの神となられ、彼らは愛される神の民になると告げられました ( レビ記 26:12₄; 申命記 6:4-9₅)。 旧約全体がこの関係に基づいています。

残念ながら、イスラエル人は何百年もの間、神と「断続的」な関係を持っていました。彼らは神を愛し、神に仕えることと、神に背を向け、偶像崇拝することの間を揺れ動きました。私たちは、神が彼らを厳しく罰せられた話を多く読みます。しかし、これは神が彼らを憎んだからではありません。むしろ、それは神が彼らを愛されたからで、ご自分に背を向けることは、決して彼らに愛、平安、喜び、そしていのちをもたらすものではないことを分かってほしかったからです。私たちは今日の信者たちの間にそれと同じ問題を見ます。だからこそ、神とその御言葉を非常に真剣に受け止めることが、とても重要なのです。主は、私たちが完全に主に尽くすことを望んでおられます。

興味深いことに、ユダヤ人はいまだに世界で最も憎まれている民族の一つです。サタンが彼らを憎み、続いて、神に従わない多くの人々が彼らを憎みます。これは、一つには、彼らが神に愛されているからであり、一つには、イエスがこのユダヤ人の血筋から来られたからです。彼らの国はフロリダ州の3分の1の大きさしかないのに、次々と戦争に勝利し、その小さな国土を守ってきたのは奇跡的です。本当に、神が彼らを守ってこられたのです。

## 新約

聖書の最後の 3 分の 1 は新約 (NT) と呼ばれます。それは新しい契約で、神と、イエスを信じ、イエスを愛し、イエスに仕える人々との間にあるものです (2 コリント 3:6[6]; ヘブル 10:16[7])。これらの人々はクリスチャンと呼ばれています。クリスチャンは、この新しい契約関係が具現化されたものである教会を構成しています。今や、男性でも女性でも、黒人でも白人でも、裕福でも貧しくても、ユダヤ人でもユダヤ人でなくても、あなたが心からキリストに信仰を置き、主の御心に従って生きようとする**ならば**、あなたは神の選ばれた家族の一員なのです。

私たちがこの関係に入るに際しては、神に対する健全な恐れを養うことが不可欠です。この「恐れ」は恐怖を感じることではなく、むしろ、真に主を礼拝し、主に従うために私たちが持たなければならない尊敬と畏敬の念です。神は威厳のある神であり、栄光、栄誉、人間からの崇敬を受けるにふさわしいお方です。いかにも、人間は生ける神を永遠に無視し、拒絶し、軽蔑することはできないのです。

## 聖書の力

聖書は**生きている**と書かれています ( ヘブライ語 4:12[8])。それは超自然的な書物であり、人間の心の中にある罪の根源を暴き、それを取り扱うことができます。神は真理であり、嘘をつくことがおできにならないので、私たちに対する神の御言葉は、宇宙で唯一の本物の真理の源なのです。信じがたいことですが、聖書は、御父、御子、御霊と同様に、本質的に、永遠なのです ( マルコ 13:31[9];1 ペテロ 1:25[10])。

聖書を理解するためには、聖霊が私たちにその意味を明らかにしてくださる必要があります。その内側に聖霊を宿していない人たちには、その内容を理解することができません (1 コリント 2:10-16[11])。そのために、イエスを信じない人々は、神の御言葉は退屈で意味がないものだと思うのです。私たちのために御言葉を生きたものとし、御言葉が私たちの思考、意志、心を形成することを可能にするのは、御霊なのです ( 詩篇 19:7-9[12])。

私たちは、私たちの人生の基盤となる永遠の確固たる真理を切実に必要と

しています。私たちが住んでいる世界体系は嘘、小細工、憎しみ、貪欲に満ちているからです。私たちは皆、政府に裏切られたことがあるのではありませんか？科学に？薬に？友人、家族、上司など、人間全般に？それは、この世界が人間の知恵の上に成り立っているからです。人間の生まれつきの性質は陰険でなおらないのです（エレミヤ 17:9[13]）! 実に、私たちが神の道を求める時でさえも、私たちは人間であるために、まだ誤りを起こしがちなのです。

## では、どうすれば神の原則に従って生きることができるのか？

私たちの葛藤に対する答えは、聖書の中にあります！聖書は私たちの良心を清め、私たちの動機を純粋にすることができます（エレミヤ 23:29[14]；エペソ 5:25-26[15]；1 テモテ 1:5[16]）。私たちが日常的に御言葉を読んで、心からそれに従うにつれ、それは私たちを聖め別つことができます（ヨハネ 17:17[17]）。神の御霊と聖書は、私たちに真のいのちを与えることができるのです（ヨハネ 6:63[18]；1 ペテロ 1:23[19]）。それは私たちに善悪の区別を教え、私たちの考えを正すことができます（2 テモテ 3:16-17[20]）。それは私たちが、私たちの人生のための神の御心を理解し、それに従うことができるように、私たちの考え方を変えてくれるものです（ローマ 12:2[21]）。

聖書は、御霊の剣と呼ばれます。なぜなら、聖霊の力を通して、聖書は私たちが信じている嘘を断ち切り、私たちの古い論理方法を破壊することができるからです（エペソ 6:17[22]）。イエスもまた、聖書と同じく、「神のことば」（ヨハネ 1:1[23]；黙示録 19:13[24]）、「いのちの言葉」（1 ヨハネ 1:1[25]）と呼ばれるのは、驚くべきことです。神として、イエスの言葉そのものが聖書なのです！イエスは生けることばであり、聖書は書かれた御言葉なのです。

みことばは私たちの足のともしびであり、私たちの人生における道の光です（詩篇 119:105[26]）。私たちがそれに従う**ならば**、それは私たちのクリスチャンとしての歩みの中にひそむ危険を照らし出し、私たちを守ってくれます。みことばは、私たちが自らを欺かないようにさせることができます（詩篇 119:29[27]）。私たちがみことばを読んで、その指示に従うなら、それには私たちの魂を救う力があります（ヤコブ 1:21[28]）。それは私たちに罪を犯させ

ず ( 詩篇 119:11$_{29}$)、私たちをきよく保つことができます ( 詩篇 119:9$_{30}$)。また、私たちが心の中にみことばを住まわせて生かすなら、みことばには私たちを悪しき者、サタン (1 ヨハネ 2:14$_{31}$) から救う力があるのです。

　思い出してください。私たちはキリストへの信仰によって救いを受けるのですが、私たちは主にとどまるために、きよめられ続ける必要があります。聖書が私たちのためにしてくれるのは、そのことです。聖書は、私たちが御言葉に従わなければならないこと、そうしなければ、私たちは自らを欺いているだけであることを、私たちに思い起こさせてくれます ( ヤコブ 1:22-25$_{32}$;1 ペテロ 2:8$_{33}$)。実に、私たちはまさに神の御言葉に従うことによって、イエスへの愛を示すのです ( ヨハネ 14:15$_{34}$、ヨハネ 14:21$_{35}$;1 ヨハネ 2:5$_{36}$)。そして、私たちは主の命令に従うことによって祝福を受けます ( 黙示 1:3$_{37}$;22:7$_{38}$)。神は、私たちが常に「堕落する」ことを心配しなくてもよいように、確実に私たちのことをしっかりとつかんでいてくださいます。しかし、私たちがイエスの近くにとどまる努力をしなければ、私たちと主との関係は確実に損なわれてしまうのです！

　これは、聖書がどれほど素晴らしく力あるものであるかを網羅したリストではありません。しかし、それは、聖書を学び、そこに書かれていることを行うことがいかに不可欠であるかという概要を示してくれるものです。聖書を読むことをあなたの人生の日課にすることがどれほど重要であるか、私はいくら強調してもしきれません。そして、「読む」だけではいけません。詳しく学んでください！読みながら、祈ってください。「これは私の人生とどう関係するのでしょうか？」とか、「神様、あなたは私に何を言おうとしておられるのですか？」というような質問をしてください。地図を調べて、読んでいる箇所がどこで起こっているかを確認するのです。参照するために聖書の欄外に記載されている他の類似した聖書箇所を調べるのもよいでしょう。あなたの考えや祈りを書き留めてください。それは素晴らしい経験であり、あなたは神をずっとよく知るようになれます。どうか、必要であれば、毎朝少し早起きすることを検討してください。

　いのちの書で一日を始めましょう！あなたが夜型人間なら、毎晩、聖書を読んでください。本当のところ、あなたが日常的に神の御言葉の中で神と会

うことをしなかったら、あなたが神と共に体験したいと望んでいるような質の人生を体験することは絶対にありません。あなたが新しいクリスチャンであるなら、ヨハネの福音から始めるといいでしょう。それはイエスが誰であるかを浮き彫りにしているからです。

　聖書を学ぶのは楽しいことです！それはキリストにあるあなたの人生をずっと深いものとし、比較にならないほど生き生きとしたものにするでしょう。それは神への命綱であり、この絶えず変化していく、危険の多い世界において、あなたを安定させてくれる岩なのです（イザヤ 26:3-4$_{39}$）。御言葉は神の心を私たちに伝え、私たちのために神が持っておられる目的を明らかにし、神が愛をもって私たちに与えてくださる指示を示すものです。聖書を通して神を知るために時間を費やすことを、あなたが後悔することは決してありません。主は、あなたが時間や労力を注いで知ろうとする価値のあるお方なのです。

あなたが神の御言葉を学ぶにつれ、あなたの人生は文字通りに変えられていきます！

# 第5章
# 聖句集

1. **1テサロニケ 2:13:** こういうわけで、私たちとしてもまた、絶えず神に感謝しています。あなたがたは、私たちから神の使信のことばを受けたとき、それを人間のことばとしてではなく、事実どおりに神のことばとして受け入れてくれたからです。この神のことばは、信じているあなたがたのうちに働いているのです。

2. **2ペテロ 1:20-21:** それには何よりも次のことを知っていなければいけません。すなわち、聖書の預言はみな、人の私的解釈を施してはならない、ということです。なぜなら、預言は決して人間の意志によってもたらされたのではなく、聖霊に動かされた人たちが、神からのことばを語ったのだからです。

3. **申命記 7:6:** あなたは、あなたの神、主の聖なる民だからである。あなたの神、主は、地の面のすべての国々の民のうちから、あなたを選んでご自分の宝の民とされた。

4. **レビ記 26:12:** わたしはあなたがたの間を歩もう。わたしはあなたがたの神となり、あなたがたはわたしの民となる。

5. **申命記 6:4-9:** 聞きなさい。イスラエル。主は私たちの神。主はただひとりである。心を尽くし、精神を尽くし、力を尽くして、あなたの神、主を愛しなさい。私がきょう、あなたに命じるこれらのことばを、あなたの心に刻みなさい。これをあなたの子どもたちによく教え込みなさい。あなたが家にすわっているときも、道を歩くときも、寝るときも、起きるときも、これを唱えなさい。これをしる

しとしてあなたの手に結びつけ、記章として額の上に置きなさい。これをあなたの家の門柱と門に書きしるしなさい。

6. **2コリント 3:6:** 神は私たちに、新しい契約に仕える者となる資格をくださいました。文字に仕える者ではなく、御霊に仕える者です。文字は殺し、御霊は生かすからです。

7. **ヘブル 10:16:** 「それらの日の後、わたしが、彼らと結ぼうとしている契約は、これであると、主は言われる。わたしは、わたしの律法を彼らの心に置き、彼らの思いに書きつける。」またこう言われます。

8. **ヘブル 4:12:** 神のことばは生きていて、力があり、両刃の剣よりも鋭く、たましいと霊、関節と骨髄の分かれ目さえも刺し通し、心のいろいろな考えやはかりごとを判別することができます。

9. **マルコ 13:31:** この天地は滅びます。しかし、わたしのことばは決して滅びることがありません。

10. **1ペテロ 1:25:** しかし、主のことばは、とこしえに変わることがない。」とあるからです。あなたがたに宣べ伝えられた福音のことばがこれです。

11. **1コリント 2:10-16:** 神はこれを、御霊によって私たちに啓示されたのです。御霊はすべてのことを探り、神の深みにまで及ばれるからです。いったい、人の心のことは、その人のうちにある霊のほかに、だれが知っているでしょう。同じように、神のみこころのことは、神の御霊のほかにはだれも知りません。ところで、私たちは、この世の霊を受けたのではなく、神の御霊を受けました。それは、恵みによって神から私たちに賜わったものを、私たちが知るためです。この賜物について話すには、人の知恵に教えられたことばを用いず、御霊に教えられたことばを用います。その御霊のことばをもって御霊のことを解くのです。生まれながらの人間は、神の御霊に属することを受け入れません。それらは彼には愚かなことだからです。また、それを悟ることができません。なぜなら、御霊のことは御霊によってわきまえるものだからです。御霊を受けている人は、すべて

のことをわきまえますが、自分はだれによってもわきまえられません。いったい、「だれが主のみこころを知り、主を導くことができたか。」ところが、私たちには、キリストの心があるのです。

12. **詩篇 19:7-9:** 主のみおしえは完全で、たましいを生き返らせ、主のあかしは確かで、わきまえのない者を賢くする。主の戒めは正しくて、人の心を喜ばせ、主の仰せはきよくて、人の目を明るくする。主への恐れはきよく、とこしえまでも変わらない。主のさばきはまことであり、ことごとく正しい。

13. **エレミヤ 17:9:** 人の心は何よりも陰険で、それは直らない。だれが、それを知ることができよう。

14. **エレミヤ 23:29:** わたしのことばは火のようではないか。また、岩を砕く金槌のようではないか。——主の御告げ。——

15. **エペソ 5:25-26:** 夫たちよ。キリストが教会を愛し、教会のためにご自身をささげられたように、あなたがたも、自分の妻を愛しなさい。キリストがそうされたのは、みことばにより、水の洗いをもって、教会をきよめて聖なるものとするためであり、

16. **1テモテ 1:5:** 宣教の目標は清い心と正しい良心と偽りない信仰からの愛です。

17. **ヨハネ 17:17:** 真理によって彼らを聖め別ってください。あなたのみことばは真理です。

18. **ヨハネ 6:63:** 霊は生かすもので、肉は何にも役立たない。わたしがあなたがたに語った言葉は霊でありいのちである。

19. **1ペテロ 1:23:** あなたがたが新しく生まれたのは、朽ちる種からではなく、朽ちない種からであり、生ける、いつまでも変わることのない、神のことばによるのです。

20. **2テモテ 3:16-17:** 聖書はすべて、神の霊感によるもので、教えと戒めと矯正と義の訓練とのために有益です。それは、神の人が、すべての良い働きのためにふさわしい十分に整えられた者となるため

です。

21. **ローマ 12:2:** この世と調子を合わせてはいけません。いや、むしろ、神のみこころは何か、すなわち、何が良いことで、神に受け入れられ、完全であるのかをわきまえ知るために、心の一新によって自分を変えなさい。

22. **エペソ 6:17:** 救いのかぶとをかぶり、また御霊の与える剣である、神のことばを受け取りなさい。

23. **ヨハネ 1:1:** 初めに、ことばがあった。ことばは神とともにあった。ことばは神であった。

24. **黙示録 19:13:** 彼は血で染められた（真赤な）衣を纏い、その名は「神の言」と呼ばれる。

25. **1 ヨハネ 1:1:** 初めからあったもの、私たちが聞いたもの、目で見たもの、じっと見、また手でさわったもの、すなわち、いのちのことばについて、

26. **詩篇 119:105:** あなたのみことばは、私の足のともしび、私の道の光です。

27. **詩篇 119:29:** 私から偽りの道を取り除いてください。あなたのみおしえのとおりに、私をあわれんでください。

28. **ヤコブ 1:21:** ですから、すべての汚れやあふれる悪を捨て去り、心に植えつけられたみことばを、すなおに受け入れなさい。みことばは、あなたがたのたましいを救うことができます。

29. **詩篇 119:11:** あなたに罪を犯さないため、私は、あなたのことばを心にたくわえました。

30. **詩篇 119:9:** どのようにして若い人は自分の道をきよく保てるでしょうか。あなたのことばに従ってそれを守ることです。

31. **1 ヨハネ 2:14:** 小さい者たちよ。私があなたがたに書いて来たのは、あなたがたが御父を知ったからです。父たちよ。私があなたがたに書いて来たのは、あなたがたが、初めからおられる方を、知ったか

らです。若い者たちよ。私があなたがたに書いて来たのは、あなた
がたが強い者であり、神のみことばが、あなたがたのうちにとどま
り、そして、あなたがたが悪い者に打ち勝ったからです。

32. **ヤコブ 1:22-25:** また、みことばを実行する人になりなさい。自分
を欺いて、ただ聞くだけの者であってはいけません。みことばを聞
いても行なわない人がいるなら、その人は自分の生まれつきの顔を
鏡で見る人のようです。自分をながめてから立ち去ると、すぐにそ
れがどのようであったかを忘れてしまいます。ところが、完全な律法、
すなわち自由の律法を一心に見つめて離れない人は、すぐに忘れる
聞き手にはならないで、事を実行する人になります。こういう人は、
その行ないによって祝福されます。

33. **1 ペテロ 2:8:** 「つまずきの石、妨げの岩。」なのです。彼らがつま
ずくのは、みことばに従わないからですが、またそうなるように定
められていたのです。

34. **ヨハネ 14:15:** もしあなたがたがわたしを愛するなら、あなたがた
はわたしの戒めを守るはずです。

35. **ヨハネ 14:21:** わたしの戒めを保ち、それを守る人は、わたしを愛
する人です。わたしを愛する人はわたしの父に愛され、わたしもそ
の人を愛し、わたし自身を彼に現わします。」

36. **1 ヨハネ 2:5:** しかし、みことばを守っている者なら、その人のう
ちには、確かに神の愛が全うされているのです。それによって、私
たちが神のうちにいることがわかります。

37. **黙示録 1:3:** この預言のことばを朗読する者と、それを聞いて、そ
こに書かれていることを心に留める人々は幸いである。時が近づい
ているからである。

38. **黙示録 22:7:** 「見よ。わたしはすぐに来る。この書の預言のことば
を堅く守る者は、幸いである。」

39. **イザヤ 26:3-4:** 志の堅固な者を、あなたは全き平安のうちに守られ

ます。その人があなたに信頼しているからです。いつまでも主に信頼せよ。ヤハ、主は、とこしえの岩だから。

# 神とは？

　この章では、三位一体の神の第一位格である神、父なる神について学びます。三位一体とは「一体となった三者」を意味します。この驚嘆すべき結合において、イエスは第二位格であり、聖霊は第三位格です。彼らはそれぞれに異なる人格であり、同等の権威と威光を持っておられます。彼らはみな創造に立ち合われ、ともに宇宙を維持しておられます。私たちは、この神を三位一体と呼びます。理解しにくい概念ですが、電気もそうです。そして、私たちは皆、電気の存在を信じています

　父なる神の御人格には、多くの側面があります。例えば、ある人物が夫、父親、会社員、息子と呼ばれることがあるように、神の名前は神の様々な役割を反映しています。神は主と呼ばれます。それは、「主」または「所有者」を意味します。ヘブライ語では、彼はエホバ・エレとも呼ばれますが、それは「神は備える」という意味です。神はまた「全能の神」を意味するエル・シャダイとも呼ばれます。神のもう一つの名はアドナイで、「至高の主」を表します。

## 初めに

　聖書の一番始めには、神が宇宙の創造主であることが記録されています ( 創世記 $1:1_1$; 詩篇 $24:1-2_2$)。神は人類の造り主でもあります ( 創世記 $2:4-7_3$; 詩篇 $139:13-16_4$)。私たちは、「もちろん、神がすべてを創造したのだ！」という意味においては、これに同意して「うなずく」かもしれません。しかし、私たちは頻繁に、私たちは「ビッグバン」の結果であるとか、私たちは類人猿から派生したのであって、強者だけが生き残るのだと学校で教えられてき

たために、神の創造に関して、長年にわたって学んだり耳にしたりしてきたことがらについて、入り混じったことを信じている傾向があります。

しかし、私たちが神の御手によって独自に創造されたという真理以外のことを信じると、後年、多くの心理的、精神的な疾患につながることがあります。創造論以外の理論は、神が自ら直々に人類を形造られるために、時間に手を伸ばされたということの美しさを無視するものです。

私たちにとって最も有害な考え方の一つは、私たちの一人一人がどれほど神にとって大切であるかを見失うことです。私たちの命そのものが極めて重要なのです。神ご自身が複雑に私たちを形造り、親密に私たちに命を吹き込まれたからです（ヨブ $10:8_5$; $33:4_6$）。

## 人間 対 神

本書の第1章では、私たち人間の心が陰険でなおらないことを学びました。私たちの罪深い状態を変えるには、私たちよりも権威があり、能力があり、道徳的な、外部のだれかが必要です。人が神から離れたままで比較的「まともな」人生を送ることがあるのは事実ですが、現実には、私たちの人生に神がいなければ、私たちは正しい動機を伴う純粋な心を持つことができません。さらに重要なことに、私たちがイエス・キリストを通して神との関係を持っていなければ、私たちが天に入ることは不可能なのです（ヨハネ $14:6_7$）。

神は全くもって、私たちとは異なります。私たちは神の形に造られていますが、罪によって、私たちがこの世界に神の栄光を正確に反映する能力が損なわれてしまいました。例えば、神は、私たちが行う悪を憎まれます（言 $6:16-19_8$）。私たちは自分たちの罪や、偶像、そして利己的なあり方を愛する傾向があります。しかし、神は罪を許されません。たとえ、すべての人を愛しておられても、です。神が罪を嫌悪される主な理由は、愛です —なぜなら、神は、私たちの罪が私たちを神から切り離すことを知っておられるからです。

神は正義を愛され、常に公平であられます。人々はしばしば世界で起こる恐ろしい残虐行為を神のせいにしたがりますが、私たちが目にする惨状の大部分は、人間の貪欲、憎しみ、欲望に加えて、人間が神に降伏し、従うこと

を拒否したことの直接的な結果なのです。神は、人類を創造されたとき、私たちが完璧な世界に住むことを意図されました。私たちが今、切望している世界です。しかし、罪は私たちの人生に死、腐敗、破壊をもたらしました。そして、私たちの魂の敵であるサタンが、私たちに見える悪を直接増し加えることを忘れないようにしましょう。

## 神のご性質

　人間の「性格」とは、人が所有する特質、学習した行動パターン、生まれつきの好みを総合したものです。私たちの性格が、私たちの選択を大きく決定します。なぜなら、私たちが誰であるか＝私たちが何をするか、だからです。私たちが何を「言おう」と、私たちは結局は本当にやりたいと思うことを「する」からです。しばしば、私たちは他者のことを顧みず、好き勝手に振舞います。

　一方、神は「絶対的な」性質を持っておられます。神はこれまで変わられたことがなく、永遠に変わることがありません。神は、感情、場所、状況、または外部からの影響のために変わることがありません。神は常に、完璧な愛と完璧な正義のうちに行動されます。それが神の「ご性質」であり、神とはそういうお方なのです。神のご性質と属性がこの章のテーマです。

　聖書は、私たちが自分の人生にイエスを受け入れた後で神の御霊が私たちの内に住まわれるとき、私たちの性格の大部分が超自然的に変えられると教えてくれます（ローマ 12:2$_9$）。全能なる創造主との関係を持つことは、あなたを根本的に変えるはずです！私たちは、救われた時点で、文字通り、新しく造られたものになるのです（2 コリント 5:17$_{10}$）。私たちには新しい心、思考、願望が与えられます（エゼキエル 36:26-27$_{11}$; ヘブル 8:10$_{12}$）。

　ヘブル人への手紙にあるこの聖句は、ユダヤ人のことを指しています。思い出してください。彼らは旧約において、神の選ばれた民でした。ユダヤ人と異邦人（ユダヤ人でない人）は、2 つの別々のグループとして考えられていました。ユダヤ人は、神によって世界の残りの人々から分け隔てられていたからです。神は、ご自身の栄光とご自身の道を他の人々に示すために、彼らを選ばれました。彼らは、その他の文化間には非常によく見られた横行す

る偶像崇拝とは対照的に、唯一の真実なる神を信じた、ただ一つの民族でした。

　しかし、新約以降、ユダヤ人と異邦人は今や一つにされています。これは、人々が罪から解放されることを選ぶことができるように、イエスがすべての人々のために十字架に行ってくださったために実現しました。今や、私たちが新しく生まれた者であるなら、私たちの生まれながらの立場に関係なく、私たちは「神の民」であり、神の栄光を世界に示すために取り分けられているのです。

　ついでながら、私は異邦人であり、神の子供であるという驚くべき特権に預かってはいますが、私は、神が常にユダヤ人に特別な思い入れを持ち続けられることを信じています。

　この課の学びをする際に、私たちの神が現実にどれほどすてきで、美しく、真実で、誠実で、良いお方であるかを思い描こうと努めてください。また、神がいかに威厳を持った、激しく、正しく、聖いお方であるかも覚えておいてください。そして、あなたの全存在を主に委ね、あなたがもっと主に似たものとなるように、神に変えていただく決心をしてください。

＊＊＊

　神には死がありません（ヨブ 9:32-14）。つまり、神は人間ではなく、創造されたのではないということです。この永遠の状態は、先在と呼ばれます。私たちには理解し難いことですが、神は常に生きてこられました。神は時間が始まる前に生きておられましたし、また、永遠に生きられます。それは不死と言われます。永遠に生きたいという私たちの願望の元はここにあるのです（伝道者 3:11-15）。非常に驚くべきことは、イエス自身もまた神であるので、つまり、受肉した神であるので、イエスもまた先在し、不死であるということです（ヨハネ 1:1-16）。

　神はねたむ神です（出エジプト記 20:5-17）。しかし、この嫉妬は人間の嫉妬とは異なります。これは、妻を大切にする夫が最愛の妻に対してもつ種類の「嫉妬」です - 彼女を守るための健全な愛から生まれるものです。その夫

は自分が持っている妻との結合を守っています。世が彼らを侵害しないためです。神は、しばしば、ご自分の民を「花嫁」と呼び、この比喩を用いられます。思いやりのある、面倒見のよい夫と同じ様に、神もまた、私たちの避け所、私たちの力と呼ばれます（詩篇 46:1[18]）。真実の神は、ただお一人だけです。（2 サムエル 7:22[19]）。この聖句中の「主（なる）」という語には、「完全に支配して」、「最高位の」、「自治権を持つ」という意味があります。彼お一人だけが宇宙の支配者なのです（イザヤ 43:10[20]; 44:6-8[21]）。彼は超自然的な神であり、奇跡的、驚異的に働かれます（詩篇 77:14[22]）。神には、大きすぎたり難しすぎたりして行なうことのできないことは、何もありません。そして、神は時には人間の愚かな計画を覆されることもありますが、私たちが神を愛し、神に従うことを拒む場合、神がただ一つ、力で征服されることがないのは、私たち人間の選択です。本物の愛は常に選択の自由を許します。

　神は、私たちの岩と呼ばれています。神はその全ての道で安定しておられるからです（詩篇 18:1-3[23]; 詩篇 18:30-33[24]）。神はご自分を愛し、信頼し、従う者たちの盾であり、守り主です。神は唯一の真の救い主であり、そのため、私たちに本物の救いを与えてくださる唯一のお方なのです（イザヤ 45:21-22[25]）。

## 人格を持つ神

　私たちが神に祈るとき、神は私たちの祈りを聞き、その祈りに答えてくださいます。実際、聖書には「主は、（身をかがめて）私に耳を傾けられる」（詩篇 116:2[26]）と書かれています。もちろん、神は霊であり、文字通りに身をかがめることはありませんが、これは私たちの神が実際にどれほど優しく、思いやりがあるかを私たちが想像できるように、私たちのために生き生きと描かれているわけです。

　そして私たちは祈る際に、私たちの祈りの結果は、私たちが求めていたものとは全く異なる方法で与えられることが多いことを認識する必要があります。私たちは全てのことを祈るべきではありますが、神の答えは神の御心に完全に一致するものであることを予期すべきです（1 ヨハネ 5:14[27]）。イエスでさえも、激しい苦しみを受けられたのですから、私たちは時に自分自身の

人生に同様のことを予期すべきなのです ( マタイ 26:39[28])。

賢い人は、神が常に最も有益な形で私たちの祈りに応えてくださることを知っています。神だけがその知恵において、私たちを神に近づけるため、あるいは私たちの生活から不純物を取り除くために、私たちには苦難や苦しみが必要であるかもしれないことを知っておられます。そして、あなたの祈りが驚くべき方法で答えられるときには、驚かないでください。神は力強く、豪快で、権威ある、永遠の神だからです ( 申命記 10:21[29])!

神は愛です (1 ヨハネ 4:8[30])。神は単に「私たちを愛される」のではありません。神はその基本のご性質が愛なので、神は私たちを愛さざるをえないのです。しかし、これは、私たちが持っているような、感情の絡んだ、条件付きの、絶えず変わり続ける種類の愛ではありません。神の愛は不変で、神はいつも心底私たちのためを思っておられます。この独特な類の愛はアガペの愛と呼ばれ、1 コリント 13:4-6-7[31] で概説されています。

あなたは以前にこの聖句を耳にしたことがあるかもしれませんが、これらの特質のうちの 1 つでも、あなたがどれくらい日常的に示しているかを自問してみてください。私個人としては、自分がこれらの愛の実証を 1 つだけでもなかなか一貫して示すことができないのを知っています！神は、私たちが神や他の人たちに対してこのような種類の愛を持つことを望まれますが、神の御霊が私たちの内に働かなければ、それは人間的には不可能です。

神のもう一つの特性は正義です。これは、神について、私たちが理解していないかもしれない、あるいは好きでもないかもしれない側面です。しかし、彼は聖なる神であるので、公平でなければなりません。私たちは、良い親が、あまりにも「愛する」がゆえに決して「ダメ」と言わなかったり、しつけをしなかったりするとは思いませんね。それと同じように、神は私たちを無条件に愛されますが、神はまた不従順も罰しなければなりません。私たちが聖書の中で、神に従わない人たちに悲惨な結果が起こるのを見るのは、このためです ( 詩篇 31:23[32]; 145:20[33])。

聖書は、神はすべてのことを知っている宇宙で唯一のお方であると述べています。これは全知と呼ばれます。よって、神お一人だけが、私たちを罪や危険から救うことができるのです。神はどこにでもおられ – つまり遍在で、

常に、すべてのことを同時に見ておられるのです。

　しかし、神は、いくつかの宗教が主張するような「あらゆるものの中に」おられる神ではありません。神は、主の御霊によって、イエス・キリストに自分たちの人生を贖っていただくことを許した人々の内にだけ、住まわれます。神は、イエスを愛する人々の心にだけ住まわれるのです。さらに、神にはすべての権利があります。それは全能と呼ばれ、神には本当に思い通りに何でもすることがおできになるのです。

　これは信じる者にとっては慰めです。私たちは、世界がコントロールを失って回転しているように見えるときでも、神が世界を掌握しておられることを知っているからです（詩篇 22:28[34]）。私たちの大いなる望みは、必ず、神がいつの日か、全き真理と善のうちに永遠に君臨されるということです。しかし、今のところは、サタンがこの世の神なのであり、私たちは彼が破壊されるまで悪を経験することになります。

## 神は偉大

　神の道や思いは私たちのものとは大きく異なります（イザヤ 55:8-9[35]）。これを理解することは重要なことです。なぜなら、私たちは、本当は「私たち自身を神の箱の中に収め」なければならない時に、しばしば「神を私たちの箱の中に収め」たくなるからです。人々は自分たちの思うがままに人生を生きたがり、多くの場合、自分たちの人生に神を「付け加える」だけになっています。

　例えば、「神と正しい関係」にあることに満足感を得るために、自らを「クリスチャン」と呼ぶ人たちがいます。しかし、彼らは本当には自分の意志や人生を神に委ねていません。このような姿勢の生き方は、非常に危険です。主はあなたがご自分に味方をするか、敵対するかのいずれかであるとして、譲られません。神は、それを御言葉の中で明らかにしています。私たちは、全身全霊で神を愛し、彼に仕え、神に従わなければなりません（申命記 7:9[36], 12[37]；10:12-13[38]；11:1[39], 22[40]）。

　神は私たちが崇拝するのにふさわしいお方です！神は恵み深く、思いやりがあり、慈悲深いお方です。神は私たちが心から悲しみ、自分の罪に背を

向ける用意ができているときに、喜んで私たちを赦してくださいます ( 詩篇 25:4-15$_{41}$;116:5$_{42}$; ヨナ 4:2$_{43}$)。私たちが何をしたとしても、神はいつも私たちを愛し続けられます。しかし、私たちが自分の意志よりも神の御心を求め、主の基準に従って生きる決心をしなければ、私たちは主とお交わりをしていると主張することはできません (1 ヨハネ 1:6$_{44}$)。間違いを犯すことは確かにありますが、私たちの全般的な生き方は、神との関係を反映するものであるべきです。

あなたを神の家族の中に導き入れることは、神にとって非常に喜ばしいことです！神はあなたを導き、教え、力を与えることに情熱を注がれます ( エペソ 1:5$_{46}$)! あなたがどうやって神にあなたの人生を委ねたらよいか分からない場合は、神に尋ねてください。そうすれば神はあなたに示してくださいます。神はあなたにご自分に従う力を与えてくださることを約束しておられます ( ピリピ 2:13$_{45}$)。あなたは聖書を読み、祈りにおいて神に語りかけ、キリスト中心の教会に関わることによって、神があなたから何を望まれ、神があなたに何を与えて下さるのかを学ぶことができます。

神はあなたと親密な関係を持つことを望んでおられます！

# 第6章
# 聖句集

1. **創世記 1:1:** 初めに、神が天と地を創造した。

2. **詩篇 24:1-2:** 地とそれに満ちているもの、世界とその中に住むものは主のものである。 まことに主は、海に地の基を据え、また、もろもろの川の上に、それを築き上げられた。

3. **創世記 2:4-7:** これは天と地が創造されたときの経緯である。神である主が地と天を造られたとき、地には、まだ一本の野の潅木もなく、まだ一本の野の草も芽を出していなかった。それは、神である主が地上に雨を降らせず、土地を耕す人もいなかったからである。 ただ、霧が地から立ち上り、土地の全面を潤していた。 その後、神である主は、土地のちりで人を形造り、その鼻にいのちの息を吹き込まれた。そこで、人は、生きものとなった。

4. **詩篇 139:13-16:** それはあなたが私の内臓を造り、母の胎のうちで私を組み立てられたからです。 私は感謝します。あなたは私に、奇しいことをなさって恐ろしいほどです。私のたましいは、それをよく知っています。 私がひそかに造られ、地の深い所で仕組まれたとき、私の骨組みはあなたに隠れてはいませんでした。 あなたの目は胎児の私を見られ、あなたの書物にすべてが、書きしるされました。私のために作られた日々が、しかも、その一日もないうちに。

5. **ヨブ記 10:8:** あなたの御手は私を形造り、造られました。

6. **ヨブ記 33:4:** 神の霊が私を造り、全能者の息が私にいのちを与える。

7. **ヨハネ 14:6:** イエスは彼に言われた。「わたしが道であり、真理で

あり、いのちなのです。わたしを通してでなければ、だれひとり父のみもとに来ることはありません。

8. **言 6:16-19:** 主の憎むものが六つある。いや、主ご自身の忌みきらうものが七つある。高ぶる目、偽りの舌、罪のない者の血を流す手、邪悪な計画を細工する心、悪へ走るに速い足、まやかしを吹聴する偽りの証人、兄弟の間に争いをひき起こす者。

9. **ローマ 12:2:** この世と調子を合わせてはいけません。いや、むしろ、神のみこころは何か、すなわち、何が良いことで、神に受け入れられ、完全であるのかをわきまえ知るために、心の一新によって自分を変えなさい。

10. **2コリント 5:17:** だれでもキリストのうちにあるなら、その人は新しく造られた者です。古いものは過ぎ去って、見よ、すべてが新しくなりました。

11. **エゼキエル 36:26-27:** あなたがたに新しい心を与え、あなたがたのうちに新しい霊を授ける。わたしはあなたがたのからだから石の心を取り除き、あなたがたに肉の心を与える。わたしの霊をあなたがたのうちに授け、わたしのおきてに従って歩ませ、わたしの定めを守り行なわせる。

12. **ヘブル 8:10:** それらの日の後、わたしが、イスラエルの家と結ぶ契約は、これであると、主が言われる。わたしは、わたしの律法を彼らの思いの中に入れ、彼らの心に書きつける。わたしは彼らの神となり、彼らはわたしの民となる。

13. **ヨハネ 4:24:** 神は霊ですから、神を礼拝する者は、霊とまことによって礼拝しなければなりません。

14. **ヨブ記 9:32:** 神は私のように人間ではないから、私は「さあ、さばきの座にいっしょに行こう。」と申し入れることはできない。

15. **伝道者 3:11:** 神のなさることは、すべて時にかなって美しい。神はまた、人の心に永遠への思いを与えられた。しかし、人は、神が行なわれるみわざを、初めから終わりまで見きわめることができない。

16. **ヨハネ 1:1:** 初めに、ことばがあった。ことばは神とともにあった。ことばは神であった。

17. **出エジプト 20:5:** それらを拝んではならない。それらに仕えてはならない。あなたの神、主であるわたしは、ねたむ神、…

18. **詩篇 46:1:** 神はわれらの避け所、また力。苦しむとき、そこにある助け。

19. **2 サムエル 7:22:** それゆえ、神、主よ。あなたは大いなる方です。私たちの耳にはいるすべてについて、あなたのような方はほかになく、あなたのほかに神はありません。

20. **イザヤ 43:10:** あなたがたはわたしの証人、——主の御告げ。——わたしが選んだわたしのしもべである。これは、あなたがたが知って、わたしを信じ、わたしがその者であることを悟るためだ。わたしより先に造られた神はなく、わたしより後にもない。

21. **イザヤ 44: 6-8:** イスラエルの王である主、これを贖う方、万軍の主はこう仰せられる。「わたしは初めであり、わたしは終わりである。わたしのほかに神はない。 わたしが永遠の民を起こしたときから、だれが、わたしのように宣言して、これを告げることができたか。これをわたしの前で並べたててみよ。彼らに未来の事、来たるべき事を告げさせてみよ。 恐れるな、おののくな。わたしが、もう古くからあなたに聞かせ、告げてきたではないか。あなたがたはわたしの証人。わたしのほかに神があろうか。ほかに岩はない。わたしは知らない。

22. **詩篇 77:14:** あなたは奇しいわざを行なわれる神、国々の民の中に御力を現わされる方です。

23. **詩篇 18:1-3:** 彼はこう言った。主、わが力。私は、あなたを慕います。主はわが巌、わがとりで、わが救い主、身を避けるわが岩、わが神。わが盾、わが救いの角、わがやぐら。 ほめたたえられる方、この主を呼び求めると、私は、敵から救われる。

24. **詩篇 18:30-33:** 神、その道は完全。主のみことばは純粋。主はす

べて彼に身を避ける者の盾。 まことに、主のほかにだれが神であろうか。 私たちの神を除いて、だれが岩であろうか。 この神こそ、私に力を帯びさせて私の道を完全にされる。 彼は私の足を雌鹿のようにし、私を高い所に立たせてくださる。

25. **イザヤ 45:21-22:** 告げよ。証拠を出せ。共に相談せよ。だれが、これを昔から聞かせ、以前からこれを告げたのか。わたし、主ではなかったか。わたしのほかに神はいない。正義の神、救い主、わたしをおいてほかにはいない。 地の果てのすべての者よ。わたしを仰ぎ見て救われよ。わたしが神である。ほかにはいない。

26. **詩篇 116:1-2:** 私は主を愛する。主は私の声、私の願いを聞いてくださるから。 主は、私に耳を傾けられるので、私は生きるかぎり主を呼び求めよう。

27. **1 ヨハネ 5:14:** 何事でも神のみこころにかなう願いをするなら、神はその願いを聞いてくださるということ、これこそ神に対する私たちの確信です。

28. **マタイ 26:39:** それから、イエスは少し進んで行って、ひれ伏して祈って言われた。「わが父よ。できますならば、この杯をわたしから過ぎ去らせてください。しかし、わたしの願うようにではなく、あなたのみこころのように、なさってください。」

29. **申命記 10:21:** 主はあなたの賛美、主はあなたの神であって、あなたが自分の目で見たこれらの大きい、恐ろしいことを、あなたのために行なわれた。

30. **1 ヨハネ 4:8:** 愛のない者に、神はわかりません。なぜなら神は愛だからです。

31. **1 コリント 13: 4-6-7:** 愛は寛容であり、愛は親切です。また人をねたみません。愛は自慢せず、高慢になりません。 礼儀に反することをせず、自分の利益を求めず、怒らず、人のした悪を思わず、不正を喜ばずに真理を喜びます。 すべてをがまんし、すべてを信じ、すべてを期待し、すべてを耐え忍びます。

32. **詩篇 31:23:** すべて、主の聖徒たちよ。主を愛しまつれ。主は誠実な者を保たれるが、高ぶる者には、きびしく報いをされる。

33. **詩篇 145:20:** すべて主を愛する者は主が守られる。しかし、悪者はすべて滅ぼされる。

34. **詩篇 22:28:** まことに、王権は主のもの。主は、国々を統べ治めておられる。

35. **イザヤ 55:8-9:**「わたしの思いは、あなたがたの思いと異なり、わたしの道は、あなたがたの道と異なるからだ。――主の御告げ。―― 天が地よりも高いように、わたしの道は、あなたがたの道よりも高く、わたしの思いは、あなたがたの思いよりも高い。

36. **申命記 7:9:** あなたは知っているのだ。あなたの神、主だけが神であり、誠実な神である。主を愛し、主の命令を守る者には恵みの契約を千代までも守られるが、

37. **申命記 7:12:** それゆえ、もしあなたがたが、これらの定めを聞いて、これを守り行なうならば、あなたの神、主は、あなたの先祖たちに誓われた恵みの契約をあなたのために守り、

38. **申命記 10:12-13:** イスラエルよ。今、あなたの神、主が、あなたに求めておられることは何か。それは、ただ、あなたの神、主を恐れ、主のすべての道に歩み、主を愛し、心を尽くし、精神を尽くしてあなたの神、主に仕え、あなたのしあわせのために、私が、きょう、あなたに命じる主の命令と主のおきてとを守ることである。

39. **申命記 11:1:** あなたはあなたの神、主を愛し、いつも、主の戒めと、おきてと、定めと、命令とを守りなさい。

40. **申命記 11:22:** もし、あなたがたが、私の命じるこのすべての命令を忠実に守り行ない、あなたがたの神、主を愛して、主のすべての道に歩み、主にすがるなら、

41. **詩篇 25:4-15:** 主よ。あなたの道を私に知らせ、あなたの小道を私に教えてください。 あなたの真理のうちに私を導き、私を教えてく

ださい。あなたこそ、私の救いの神、私は、あなたを一日中待ち望んでいるのです。 主よ。あなたのあわれみと恵みを覚えていてください。それらはとこしえからあったのですから。 私の若い時の罪やそむきを覚えていないでください。あなたの恵みによって、私を覚えていてください。主よ。あなたのいつくしみのゆえに。 主は、いつくしみ深く、正しくあられる。それゆえ、罪人に道を教えられる。主は貧しい者を公義に導き、貧しい者にご自身の道を教えられる。主の小道はみな恵みと、まことである。その契約とそのさとしを守る者には。 主よ。御名のために、私の咎をお赦しください。大きな咎を。 主を恐れる人は、だれか。主はその人に選ぶべき道を教えられる。 その人のたましいは、しあわせの中に住み、その子孫は地を受け継ごう。 主はご自身を恐れる者と親しくされ、ご自身の契約を彼らにお知らせになる。 私の目はいつも主に向かう。主が私の足を網から引き出してくださるから。

**42.** **詩篇 116:5:** 主は情け深く、正しい。まことに、私たちの神はあわれみ深い。

**43.** **ヨナ書 4:2:** 私は、あなたが情け深くあわれみ深い神であり、怒るのにおそく、恵み豊かであり、わざわいを思い直されることを知っていたからです。

**44.** **1 ヨハネ 1:6:** もし私たちが、神と交わりがあると言っていながら、しかもやみの中を歩んでいるなら、私たちは偽りを言っているのであって、真理を行なってはいません。

**45.** **ピリピ 2:13:** 神は、みこころのままに、あなたがたのうちに働いて志を立てさせ、事を行なわせてくださるのです。

**46.** **エペソ 1:5:** 神は、ただみこころのままに、私たちをイエス・キリストによってご自分の子にしようと、愛をもってあらかじめ定めておられたのです。

# 第7章
# イエスとは?

　イエスという名前は文字通り「救い主」を意味します。Jesus（イエス）というのは、彼のギリシャ語名ですが、その起源はヘブライ語で、「エホバは救う」という意味のイェホシュア、またはヨシュアという名前から派生しています。イエスは天から来られ、人となられ、人の間に住まわれました。イエスの目的は、人々を神との関係に連れ戻すことでした。なぜなら、彼らは罪によって神から引き離されていたからです（ヨハネ 3:16-17[1]）。

　イエスの語根であるもう一つのヘブライ語は、ヤシャで、「救う、開放する、守る、救い出す、保つ、または勝利を得る」という意味です。救いは、無償の贈り物で、罪から救われるために、私たちが神から受け取ることを選ばなければならないものです。それは、世界中の誰にでも手に入れられるものです。けれども、イエスは個人の救い主です。これが意味するところは、私たちの意識的な選択によって、イエスとの関係が確立されなければならないということです。イエスを信頼し、イエスを愛する者たちだけが罪と地獄から救われ、永遠の命を与えられるのです。イエスとのこの結びつきを持つ人々は、イエスが本当に私たちを救ってくださり、私たちを解放してくださり、私たちを守ってくださり、私たちを助け出してくださり、私たちを保ってくださり、私たちに勝利を与えてくださることを知るのです！

　イエスにはまた、キリストという名があります。それは「選ばれた者」または「油そそがれた者」という意味です。これはヘブライ語のメシアという名称に相当します。イエスはまた、主（Lord）とも呼ばれます。旧約聖書中の大文字の名前 Lord(主) は、神の名である「エホバ」とも訳されています。それは「永遠」あるいは「独立的存在」という意味で、神が創造されたもの

ではないことを表しています。

　新約聖書でイエスが主（Lord）と呼ばれるとき、それは「クリオス」という語で、至高の神、主人、または先生を意味します。聖書の中では、名前は極めて重要なので、神とイエスが同じ名前で呼ばれることは非常に意味のあることです。これらの共通する名称は、イエスと神が同等の地位にあることを明確に示しています。つまり、彼らは両方とも、神なのです。

　これは非常に重要なポイントを照らし出します。ユダヤの文化や宗教においては、エホバ（父なる）神はあまりにも神聖であったために、‐ つまり、その偉大な力と権威のために人類からあまりにもかけ離れていたために ‐ ユダヤ人は怖くて神に直接話しかけることさえできませんでした（出エジプト20:18-19₂）。実際、後に彼らは、神の名前を口にさえしないという伝統を作り上げました。彼らはエホバを "JHWH" の綴りで表しました。そのフルネームを使用することは失礼にあたると感じたからです。これは聖書で命じられていることではありませんが、彼らがどれほど神に畏敬の念を抱いていたかを示しています。

　さらに、イスラエル人は、神に帰属する言葉－特に神の名前－は、神以外、いかなる人、目的、物にも使用されるべきではないと信じていました。例えば、神が「全能の神」と呼ばれるとき、ユダヤ人は他のどんなものも「全能」と呼ぶことを控えました。ですから、全能の神と同じ名前をイエスのものとすることは、彼らの考えでは、冒涜だったのです。冒涜というのは、（神を）「言葉で誹謗したり軽蔑したりする」ことを意味する聖書の用語です。神を中傷したり憎んだりするのは考えられないことで、極刑、すなわち**死**に値することだったのです（レビ記24:13-16₃）!

## イエスは神です

　聖書は、イエスは受肉された神であると教えています（ヨハネ 1:1₄）。この聖句において、イエスは「ことば」と呼ばれています。それは「創造の主体」を意味するものと理解されています。ことばは「創造の設計者」としても描写されました。言うまでもなく、神だけが命を造り、維持することができるのです。イエスに関するこの真理は、1 ヨハネ 1:1₅ で繰り返されています。

そこではイエスは「いのちのことば」とも呼ばれています。実際に、イエスご自身が、ご自分は永遠のいのちを与えることができ、御父とご自分とはひとつであると言っておられます ( ヨハネ 10:28-30$_6$)。

　これが、すべての宗教とキリスト教を分け隔てる根本的な ( 本質的または基本的な ) 真理です。世界中のほとんどの宗教は、イエスが「善人」であったとか、「預言者」であったと信じていますが、注意深く尋ねてみると、彼らはイエスが創造主であり、永遠の命への入り口であることを否定することが明らかになります。

　クリスチャンであると「主張する」宗教さえもありますが、肝心なのは次のことです。彼らはイエス・キリストの神性を信じているか？この真理は、人が真のクリスチャンになる前に、取り扱われなければならないものです。なぜなら、それは、本物のキリスト教の基盤である絶対的かつ根本的な真理であるからです ( ヨハネ 1:18$_7$)。

　「罪」と「悔い改め」に関する前出の学びの中で、神だけが、罪に対するご自身の怒りに対処することができたであろうと学んだことを思い出してください。神の性質を持たない人間は、破滅されいたことでしょう。イエスは十字架に行かれたとき、世の罪に対する神の御怒りのすべてに耐えておられたのです。

　さらに、旧約聖書では、神は人々の罪のための血のいけにえに、完璧な子羊か雄牛を要求されました。ですから、イエスは、私たちの血のいけにえとして、完璧でなければなりませんでした。すなわち、もしイエスの人生に罪があったなら、彼は不適格になっていたでしょう - 彼は欠点があるために、私たちの罪の代価を支払うための犠牲になることができなかったでしょう。したがって、神ご自身が - イエスという唯一の完璧なお方が – 人をご自身から分け隔てる罪の障壁を破壊するために、人となって来られました ( 2 コリント 5:21$_8$)。イエスの神性と人間性を信じることがどれほど不可欠であるかを誇張することはできません。

　聖書は、神がご自分のなさることをみな、イエスに示されたと述べています ( ヨハネ 5:20-23$_9$)。ただの人間にはそのような情報は扱いきれないでしょう！私たちはこの聖書箇所でまた、イエスにはいのちを与えることができる

ことを読みます（21節）。それは、神だけに行なう力のあることです。イエスにはまた、すべてのさばきの権限が与えられています。神のみに、人間をさばくのに十分な権威があるのです（22節）。その上、私たちは、イエスが御父と同じように敬われるとあるのを読みます（23節）。それは彼らが等しく威厳のあることを意味します。

続いて、もう一つのイエスの名前は「神は私たちとともにおられる」を意味するインマヌエルです。ユダヤ人は、神ご自身以外には、絶対に誰にもこのような名誉を与えることはありません。イエスが明らかにご自分を父なる神と等しくしたので、宗教指導者たちは激怒しました（マルコ 14:60-65[10]）。彼らは冒涜のためにイエスを十字架につけたがったのです（ヨハネ 10:31-33[11]）！

考えてみてください - もしもイエスがただの精神錯乱者だったら、彼らは彼のことを無視していたでしょう。しかし、彼らはイエスの力と権威に恐れをなしていました！事実、私たちが今読んだばかりの箇所でイエスがご自身を描写するために使われる言葉－「わたしはそれである」－そのものが、イエスの神としての地位を証明しています。

イエスが「わたしはそれである」と言われるとき、彼は旧約聖書を引き合いに出されています。神はモーセに、「わたしはある」という方があなたを遣わした（すなわち、神ご自身があなたを遣わした）とイスラエル人に告げるよう、指示されました（出エジプト記 3:12-15[12]）。この箇所にはまた、「ヤハウェ（主）があなたを遣わされたと言いなさい」とも書かれています。ヤハウェは「主」、または「エホバ」と訳されます。イエスは、まさにこの箇所をご自分に当てはめられたのです！その上、イエスは大胆にも、ご自分はアブラハムよりも以前に存在していたと言われました。アブラハムはイエスが生まれる 2000 年も前に生きた人なのです（ヨハネ 8:58-59[13]）！

イエスはご自分のことを述べるのに、一貫してこの「わたしはある」という言葉を使われました：わたしがいのちのパンである（ヨハネ 6:35[14]）。わたしは、世の光です（ヨハネ 8:12[15]）。わたしは門です（ヨハネ 10:7-9[16]）。わたしは、良い牧者です（ヨハネ 10:11[17]）。わたしはまことのぶどうの木である（ヨハネ 15:1[18]）。これらの文脈で使われている「わたしはある」とい

う言葉は、「私は空腹です」というような通常使われる言葉ではありません。これらの言葉は、ヘブライ語とギリシャ語から翻訳されているのですが、神の力に満ちています。 - あまりにも力強く、実際に男たちを地に倒したほどなのです ( ヨハネ 18:4-6[19])!

驚くべきことに、旧約聖書にはイエスに関する預言が 300 以上もありました ( 例、イザヤ 9:6[20];11:1-5[21]; イザヤ 53[22]; ミカ書 5:2-4[23])。これらの預言はご自分で確認されると良いでしょう :accordingtothescriptures. org/prophecy/353prophecies.html.

これらの聖句は、イエスが人として地上に来られる 400 年から 2000 年前の間に書かれていたことを忘れないでください!そして、これらの預言のほとんどはすでに 100% の正確さで実現しているので ( まだ将来に成就されるべきものもあります )、私たちには、聖書が神のゆるぎない真理として信頼できるものであることが分かるのです。

## 称賛に値するイエス

聖書は、「キリストのうちにこそ、**神の満ち満ちたご性質**が形をとって宿っています」と述べています ( コロサイ 2:9-10[24])。それについて考えてみてください。神は、その最大限の力と壮麗さにあって、イエスのうちに住まわれたのです!もしイエスが神でないならば、そのような重みと責任を負うことはできなかったでしょう。この聖書箇所はまた、神であるキリストは、すべての支配と権威のかしらであると述べています (10 節 )。

イエスは生ける神であり、救い主です (1 テモテ 4:10[25];2 ペテロ 1:1-2[26])。父なる神とイエスの両方が救い主と呼ばれることは興味深いことです ( イザヤ 43:11[27]; テトス 2:13-14[28])。両者はともに「岩」と称されました (1 サムエル 2:2[29];1 ペテロ 2:5-8[30])。1 ペテロにあるこの聖句は、実際、イザヤ 8:14[31] を引き合いに出しています。父なる神について語っているものです。しかし、パウロは 1 コリント 10:3-4[32] で、旧約聖書の岩をキリストと呼んでいるのです!

私たちは、コロサイ 1:15-20[33] において、至高の神としてのイエス・キリストの美しさと壮大さを見ます。イエスは王の王であり、主の主であられま

す(1 テモテ 6:15[34])。実際、父なる神は、文字通り、御子イエスを神と呼ばれます(ヘブル 1:6-12[35])。聖書は「イエスは変わることがなく、彼の年は尽きることがない」と述べ、イエスが永遠不滅であり、創造された存在ではなかったことを断言しています。イエスは天から直接来られたのです(1 コリント 15:47[36])。

イエスは永遠に私たちの偉大なる大祭司です(ヘブル 7:24-28[37])。旧約聖書の大祭司は仲介者であり、人から神への「橋渡し役」でした。今はイエスが、その人なのです。繰り返しますが、福音の深い真理と奥義の一つは、イエスが完全に人間でありながら、また完全に神でもあることです。神として、イエスは宇宙に対する力と権威を持っています。人間として、イエスは神の御前で「私たちのためにとりなしをする」ことができるのです(ローマ 8:34[38])。

前述のヘブル人への手紙 7 章にある箇所はまた、イエスが聖く、非難されるところのない、罪の汚れがない方であることを教えてくれています。それほどまでにきよいお方は、神だけです！私たちが永遠の命を受けることができるように、父なる神は、地球が造られるよりもずっと前に、私たちの犠牲となるべくイエスを選ばれました。(1 ペテロ 1:18-20[39])。彼は私たちの罪なき贖い主であり、私たちの癒し主であり、私たちの魂の監督者です(1 ペテロ 2:22-25[40];1 ヨハネ 3:5[41])。イエスの完全な威光において、最終的に地上のすべての者が彼に膝をかがめます。私たちが恐れの中で彼に膝をかがめることになるのか、愛の中で膝をかがめることになるのかは、私たちの選択なのです(ピリピ 2:6-11[42])。

イエスは私たちの愛に満ちた救い主であり、穏やかな子羊であり、苦悩するしもべであるかたわら、彼は同時に、全能の裁き主であり(2 コリント 5:10[43])、すべてのものの支配者なのです。彼は永遠の賛美にふさわしいお方です - そして神だけが、この永遠に続く熱い賞賛にふさわしいのです(ローマ 9:5[44])。イエスはまた、栄光ある霊の体を持って死者の中から最初によみがえられたお方です(黙示録 1:5[45])。

イエスはすべての支配者や主権のはるか上におられ、すべてのものは彼の権威の下にあります(エペソ 1:21[46])。イエスは世界のすべての支配者の指揮官であり、終わりの時に、きっぱりと悪を征服されます(黙示録 19:11-

16$_{47}$）。この世のいかなる人物も、宗教も、イデオロギーも、イエスとはくらべものにならないのです！

これが、イエスが天への唯一の道である理由なのです
（ヨハネ 14:6-9$_{48}$）。

イエスのいと高き力ある御名をほめたえましょう!!

第7章
# 聖句集

1.  **ヨハネ 3:16-17:** 神は、実に、そのひとり子をお与えになったほど
    に、世を愛された。それは御子を信じる者が、ひとりとして滅びる
    ことなく、永遠のいのちを持つためである。 神が御子を世に遣わさ
    れたのは、世をさばくためではなく、御子によって世が救われるた
    めである。

2.  **出エジプト 20:18-19:** 民はみな、雷と、いなずま、角笛の音と、
    煙る山を目撃した。民は見て、たじろぎ、遠く離れて立った。 彼ら
    はモーセに言った。「どうか、私たちに話してください。私たちは聞
    き従います。しかし、神が私たちにお話しにならないように。私た
    ちが死ぬといけませんから。」

3.  **レビ記 24:13-16:** そこで、主はモーセに告げて仰せられた。「あの、
    のろった者を宿営の外に連れ出し、それを聞いた者はすべてその者
    の頭の上に手を置き、全会衆はその者に石を投げて殺せ。 あなたは
    イスラエル人に告げて言え。自分の神をのろう者はだれでも、その
    罪の罰を受ける。 主の御名を冒涜する者は必ず殺されなければなら
    ない。全会衆は必ずその者に石を投げて殺さなければならない。在
    留異国人でも、この国に生まれた者でも、御名を冒涜するなら、殺
    される。

4.  **ヨハネ 1:1:** 初めに、ことばがあった。ことばは神とともにあった。
    ことばは神であった。

5.  **1 ヨハネ 1:1:** 初めからあったもの、私たちが聞いたもの、目で見

たもの、じっと見、また手でさわったもの、すなわち、いのちのことばについて、

6. **ヨハネ 10:28-30:** わたしは彼らに永遠のいのちを与えます。彼らは決して滅びることがなく、また、だれもわたしの手から彼らを奪い去るようなことはありません。 わたしに彼らをお与えになった父は、すべてにまさって偉大です。だれもわたしの父の御手から彼らを奪い去ることはできません。 わたしと父とは一つです。」

7. **ヨハネ 1:18:** いまだかつて神を見た者はいない。父のふところにおられるひとり子の神が、神を説き明かされたのである。

8. **2 コリント 5:21:** 神は、罪を知らない方を、私たちの代わりに罪とされました。それは、私たちが、この方にあって、神の義となるためです。

9. **ヨハネ 5:20-23:** それは、父が子を愛して、ご自分のなさることをみな、子にお示しになるからです。また、これよりもさらに大きなわざを子に示されます。それは、あなたがたが驚き怪しむためです。父が死人を生かし、いのちをお与えになるように、子もまた、与えたいと思う者にいのちを与えます。 また、父はだれをもさばかず、すべてのさばきを子にゆだねられました。 それは、すべての者が、父を敬うように子を敬うためです。子を敬わない者は、子を遣わした父をも敬いません。

10. **マルコ 14:60-65:** そこで大祭司が立ち上がり、真中に進み出てイエスに尋ねて言った。「何も答えないのですか。この人たちが、あなたに不利な証言をしていますが、これはどうなのですか。」しかし、イエスは黙ったままで、何もお答えにならなかった。大祭司は、さらにイエスに尋ねて言った。「あなたは、ほむべき方の子、キリストですか。」そこでイエスは言われた。「わたしは、それです。人の子が、力ある方の右の座に着き、天の雲に乗って来るのを、あなたがたは見るはずです。」すると、大祭司は、自分の衣を引き裂いて言った。「これでもまだ、証人が必要でしょうか。 あなたがたは、神をけがすこのことばを聞いたのです。どう考えますか。」すると、彼らは全員で、

イエスには死刑に当たる罪があると決めた。　そうして、ある人々は、イエスにつばきをかけ、御顔をおおい、こぶしでなぐりつけ、「言い当てて見ろ。」などと言ったりし始めた。また、役人たちは、イエスを受け取って、平手で打った。

11. **ヨハネ 10:31-33:** ユダヤ人たちは、イエスを石打ちにしようとして、また石を取り上げた。　イエスは彼らに答えられた。「わたしは、父から出た多くの良いわざを、あなたがたに示しました。そのうちのどのわざのために、わたしを石打ちにしようとするのですか。」ユダヤ人たちはイエスに答えた。「良いわざのためにあなたを石打ちにするのではありません。冒涜のためです。あなたは人間でありながら、自分を神とするからです。」

12. **出エジプト 3:12-15:** 神は仰せられた。「わたしはあなたとともにいる。これがあなたのためのしるしである。わたしがあなたを遣わすのだ。あなたが民をエジプトから導き出すとき、あなたがたは、この山で、神に仕えなければならない。」モーセは神に申し上げた。「今、私はイスラエル人のところに行きます。私が彼らに『あなたがたの父祖の神が、私をあなたがたのもとに遣わされました。』と言えば、彼らは、『その名は何ですか。』と私に聞くでしょう。私は、何と答えたらよいのでしょうか。」神はモーセに仰せられた。「わたしは、『わたしはある。』という者である。」また仰せられた。「あなたはイスラエル人にこう告げなければならない。『わたしはあるという方が、私をあなたがたのところに遣わされた。』と。」神はさらにモーセに仰せられた。「イスラエル人に言え。あなたがたの父祖の神、アブラハムの神、イサクの神、ヤコブの神、主が、私をあなたがたのところに遣わされた、と言え。これが永遠にわたしの名、これが代々にわたってわたしの呼び名である。

13. **ヨハネ 8:58-59:** イエスは彼らに言われた。「まことに、まことに、あなたがたに告げます。アブラハムが生まれる前から、わたしはいるのです。」すると彼らは石を取ってイエスに投げつけようとした。しかし、イエスは身を隠して、宮から出て行かれた。

14. **ヨハネ 6:35:** イエスは言われた。「わたしがいのちのパンです。わたしに来る者は決して飢えることがなく、わたしを信じる者はどんなときにも、決して渇くことがありません。

15. **ヨハネ 8:12:** イエスはまた彼らに語って言われた。「わたしは、世の光です。わたしに従う者は、決してやみの中を歩むことがなく、いのちの光を持つのです。」

16. **ヨハネ 10:7-9:** そこで、イエスはまた言われた。「まことに、まことに、あなたがたに告げます。わたしは羊の門です。 わたしの前に来た者はみな、盗人で強盗です。羊は彼らの言うことを聞かなかったのです。わたしは門です。だれでも、わたしを通ってはいるなら、救われます。また安らかに出入りし、牧草を見つけます。

17. **ヨハネ 10:11:** （イエスは言われた。）「わたしは、良い牧者です。良い牧者は羊のためにいのちを捨てます。 」

18. **ヨハネ 15:1:** （イエスは言われた。）わたしはまことのぶどうの木であり、わたしの父は農夫です。

19. **ヨハネ 18:4-6:** イエスは自分の身に起ころうとするすべてのことを知っておられたので、出て来て、「だれを捜すのか。」と彼らに言われた。 彼らは、「ナザレ人イエスを。」と答えた。イエスは彼らに「それはわたしです。」と言われた。イエスを裏切ろうとしていたユダも彼らといっしょに立っていた。 イエスが彼らに、「それはわたしです。」と言われたとき、彼らはあとずさりし、そして地に倒れた。

20. **イザヤ 9:6:** ひとりのみどりごが、私たちのために生まれる。ひとりの男の子が、私たちに与えられる。主権はその肩にあり、その名は「不思議な助言者、力ある神、永遠の父、平和の君」と呼ばれる。

21. **イザヤ 11:1-5:** エッサイの根株から新芽が生え、その根から若枝が出て実を結ぶ。 その上に、主の霊がとどまる。それは知恵と悟りの霊、はかりごとと能力の霊、主を知る知識と主を恐れる霊である。この方は主を恐れることを喜び、その目の見るところによってさばかず、その耳の聞くところによって判決を下さず、正義をもって寄

るべのない者をさばき、公正をもって国の貧しい者のために判決を下し、口のむちで国を打ち、くちびるの息で悪者を殺す。 正義はその腰の帯となり、真実はその胴の帯となる。

**22.　イザヤ 53:** 私たちの聞いたことを、だれが信じたか。主の御腕は、だれに現われたのか。 彼は主の前に若枝のように芽生え、砂漠の地から出る根のように育った。彼には、私たちが見とれるような姿もなく、輝きもなく、私たちが慕うような見ばえもない。 彼はさげすまれ、人々からのけ者にされ、悲しみの人で病を知っていた。人が顔をそむけるほどさげすまれ、私たちも彼を尊ばなかった。 まことに、彼は私たちの病を負い、私たちの痛みをになった。だが、私たちは思った。彼は罰せられ、神に打たれ、苦しめられたのだと。 しかし、彼は、私たちのそむきの罪のために刺し通され、私たちの咎のために砕かれた。彼への懲らしめが私たちに平安をもたらし、彼の打ち傷によって、私たちはいやされた。 私たちはみな、羊のようにさまよい、おのおの、自分かってな道に向かって行った。しかし、主は、私たちのすべての咎を彼に負わせた。 彼は痛めつけられた。彼は苦しんだが、口を開かない。ほふり場に引かれて行く小羊のように、毛を刈る者の前で黙っている雌羊のように、彼は口を開かない。 しいたげと、さばきによって、彼は取り去られた。彼の時代の者で、だれが思ったことだろう。彼がわたしの民のそむきの罪のために打たれ、生ける者の地から絶たれたことを。 彼の墓は悪者どもとともに設けられ、彼は富む者とともに葬られた。彼は暴虐を行なわず、その口に欺きはなかったが。 しかし、彼を砕いて、痛めることは主のみこころであった。もし彼が、自分のいのちを罪過のためのいけにえとするなら、彼は末長く、子孫を見ることができ、主のみこころは彼によって成し遂げられる。 彼は、自分のいのちの激しい苦しみのあとを見て、満足する。わたしの正しいしもべは、その知識によって多くの人を義とし、彼らの咎を彼がになう。 それゆえ、わたしは、多くの人々を彼に分け与え、彼は強者たちを分捕り物としてわかちとる。彼が自分のいのちを死に明け渡し、そむいた人たちとともに数えられたからである。彼は多くの人の罪を負い、そむ

いた人たちのためにとりなしをする。

23. **ミカ書 5:2-4:** ベツレヘム・エフラテよ。あなたはユダの氏族の中で最も小さいものだが、あなたのうちから、わたしのために、イスラエルの支配者になる者が出る。その出ることは、昔から、永遠の昔からの定めである。それゆえ、産婦が子を産む時まで、彼らはそのままにしておかれる。彼の兄弟のほかの者はイスラエルの子らのもとに帰るようになる。彼は立って、主の力と、彼の神、主の御名の威光によって群れを飼い、彼らは安らかに住まう。今や、彼の威力が地の果てまで及ぶからだ。

24. **コロサイ 2:9-10:** キリストのうちにこそ、神の満ち満ちたご性質が形をとって宿っています。そしてあなたがたは、キリストにあって、満ち満ちているのです。キリストはすべての支配と権威のかしらです。

25. **1 テモテ 4:10:** 私たちはそのために労し、また苦心しているのです。それは、すべての人々、ことに信じる人々の救い主である、生ける神に望みを置いているからです。

26. **2 ペテロ 1:1:** イエス・キリストのしもべであり使徒であるシモン・ペテロから、私たちの神であり救い主であるイエス・キリストの義によって私たちと同じ尊い信仰を受けた方々へ。

27. **イザヤ 43:11:** わたし、このわたしが、主であって、わたしのほかに救い主はいない。

28. **テトス 2:13-14:** 祝福された望み、すなわち、大いなる神であり私たちの救い主であるキリスト・イエスの栄光ある現れを待ち望むようにと教えさとしたからです。キリストが私たちのためにご自身をささげられたのは、私たちをすべての不法から贖い出し、良いわざに熱心なご自分の民を、ご自分のためにきよめるためでした。

29. **1 サムエル 2:2:** 主のように聖なる方はありません。あなたに並ぶ者はないからです。私たちの神のような岩はありません。

30. **1 ペテロ 2:5-8:** あなたがたも生ける石として、霊の家に築き上げられなさい。そして、聖なる祭司として、イエス・キリストを通して、神に喜ばれる霊のいけにえをささげなさい。 なぜなら、聖書にこうあるからです。「見よ。わたしはシオンに、選ばれた石、尊い礎石を置く。彼に信頼する者は、決して失望させられることがない。」したがって、より頼んでいるあなたがたには尊いものですが、より頼んでいない人々にとっては、「家を建てる者たちが捨てた石、それが礎の石となった。」のであって、「つまずきの石、妨げの岩。」なのです。彼らがつまずくのは、みことばに従わないからですが、またそうなるように定められていたのです。

31. **イザヤ 8:14:** そうすれば、この方が聖所となられる。しかし、イスラエルの二つの家には妨げの石とつまずきの岩、エルサレムの住民にはわなとなり、落とし穴となる。

32. **1 コリント 10:3-4:** みな同じ霊の食べ物を食べ、みな同じ霊の飲み物を飲みました。彼らについて来た霊の岩から（の水を）飲んだのです。その岩はキリストでした。

33. **コロサイ 1:15-20:** 御子は、見えない神のかたちであり、造られたすべてのものより先に生まれた方です。なぜなら、万物は御子にあって造られたからです。天にあるもの、地にあるもの、見えるもの、また見えないもの、王座も主権も支配も権威も、すべて御子によって造られたのです。万物は、御子によって造られ、御子のために造られたのです。 御子は、万物よりも先に存在し、万物は御子にあって成り立っています。 また、御子はそのからだである教会のかしらです。御子は初めであり、死者の中から最初に生まれた方です。こうして、ご自身がすべてのことにおいて、第一のものとなられたのです。 なぜなら、神はみこころによって、満ち満ちた神の本質を御子のうちに宿らせ、その十字架の血によって平和をつくり、御子によって万物を、ご自分と和解させてくださったからです。地にあるものも天にあるものも、ただ御子によって和解させてくださったのです。

**34.** **1 テモテ 6:15:** その現われを、神はご自分の良しとする時に示してくださいます。神は祝福に満ちた唯一の主権者、王の王、主の主、

**35.** **ヘブル 1:6-12:** さらに、長子をこの世界にお送りになるとき、こう言われました。「神の御使いはみな、彼を拝め。」また御使いについては、「神は、御使いたちを風とし、仕える者たちを炎とされる。」と言われましたが、御子については、こう言われます。「神よ。あなたの御座は世々限りなく、あなたの御国の杖こそ、まっすぐな杖です。あなたは義を愛し、不正を憎まれます。それゆえ、神よ。あなたの神は、あふれるばかりの喜びの油を、あなたとともに立つ者にまして、あなたに注ぎなさいました。」またこう言われます。「主よ。あなたは、初めに地の基を据えられました。天も、あなたの御手のわざです。これらのものは滅びます。しかし、あなたはいつまでもながらえられます。すべてのものは着物のように古びます。あなたはこれらを、外套のように巻かれます。これらを、着物のように取り替えられます。しかし、あなたは変わることがなく、あなたの年は尽きることがありません。」

**36.** **1 コリント 15:47:** 第一の人は地から出て、土で造られた者ですが、第二の人は天から出た者です。

**37.** **ヘブル 7:24-28:** しかし、キリストは永遠に存在されるのであって、変わることのない祭司の務めを持っておられます。したがって、ご自分によって神に近づく人々を、完全に救うことがおできになります。キリストはいつも生きていて、彼らのために、とりなしをしておられるからです。また、このようにきよく、悪も汚れもなく、罪人から離れ、また、天よりも高くされた大祭司こそ、私たちにとってまさに必要な方です。ほかの大祭司たちとは違い、キリストには、まず自分の罪のために、その次に、民の罪のために毎日いけにえをささげる必要はありません。というのは、キリストは自分自身をささげ、ただ一度でこのことを成し遂げられたからです。律法は弱さを持つ人間を大祭司に立てますが、律法のあとから来た誓いのみことばは、永遠に全うされた御子を立てるのです。

38. **ローマ 8:34:** 罪に定めようとするのはだれですか。死んでくださった方、いや、よみがえられた方であるキリスト・イエスが、神の右の座に着き、私たちのためにとりなしていてくださるのです。

39. **1 ペテロ 1:18-20:** ご承知のように、あなたがたが先祖から伝わったむなしい生き方から贖い出されたのは、銀や金のような朽ちる物にはよらず、傷もなく汚れもない小羊のようなキリストの、尊い血によったのです。20 キリストは、世の始まる前から知られていましたが、この終わりの時に、あなたがたのために、現われてくださいました。

40. **1 ペテロ 2:22-25:** キリストは罪を犯したことがなく、その口に何の偽りも見いだされませんでした。 ののしられても、ののしり返さず、苦しめられても、おどすことをせず、正しくさばかれる方にお任せになりました。 そして自分から十字架の上で、私たちの罪をその身に負われました。それは、私たちが罪を離れ、義のために生きるためです。キリストの打ち傷のゆえに、あなたがたは、いやされたのです。 あなたがたは、羊のようにさまよっていましたが、今は、自分のたましいの牧者であり監督者である方のもとに帰ったのです。

41. **1 ヨハネ 3:5:** キリストが現われたのは罪を取り除くためであったことを、あなたがたは知っています。キリストには何の罪もありません。

42. **ピリピ 2:6-11:** キリストは、神の御姿であられる方なのに、神のあり方を捨てることができないとは考えないで、ご自分を無にして、仕える者の姿をとり、人間と同じようになられたのです。 キリストは人としての性質をもって現われ、自分を卑しくし、死にまで従い、実に十字架の死にまでも従われたのです。 それゆえ、神は、キリストを高く上げて、すべての名にまさる名をお与えになりました。 それは、イエスの御名によって、天にあるもの、地にあるもの、地の下にあるもののすべてが、ひざをかがめ、すべての口が、「イエス・キリストは主である。」と告白して、父なる神がほめたたえられるためです。

**43.** **2 コリント 5:10:** なぜなら、私たちはみな、キリストのさばきの座に現われて、善であれ悪であれ、各自その肉体にあってした行為に応じて報いを受けることになるからです。

**44.** **ローマ 9:5:** このキリストは万物の上にあり、とこしえにほめたたえられる神です。アーメン。

**45.** **黙示録 1:5:** また、忠実な証人、死者の中から最初によみがえられた方、地上の王たちの支配者であるイエス・キリストから、恵みと平安が、あなたがたにあるように。イエス・キリストは私たちを愛して、その血によって私たちを罪から解き放ち、

**46.** **エペソ 1:21:** すべての支配、権威、権力、主権の上に、また、今の世ばかりでなく、次に来る世においてもとなえられる、すべての名の上に高く置かれました。

**47.** **黙示録 19:11-16:** また私は天が開いているのを見た。すると視よ、白い馬が顕れて、それに乗り給う者は「忠実且つ真実なる者」と呼ばれ、義をもって審きまた戦い給う。その目は焔（のようであり）、頭には多くの冠があり、自分でなければ、誰も（その意味を）知らない名が（それに）書いてある。彼は血で染められた（真赤な）衣を纏い、その名は「神の言」と呼ばれる。そして天の軍勢が真白な潔い細布の衣を着、白い馬に乗って彼に従っていた。彼の口からは、諸国の民を撃つために鋭い剣が突き出ている。彼自ら鉄の杖を以て彼らを牧し給うであろう。且つ彼自ら全能者なる神の怒りの憤怒酒の酒槽を踏み給う。そして彼の衣と股とには「王の王、主の主」と書いた名がある。

**48.** **ヨハネ 14:6-9:** イエスは彼に言われた。「わたしが道であり、真理であり、いのちなのです。わたしを通してでなければ、だれひとり父のみもとに来ることはありません。あなたがたは、もしわたしを知っていたなら、父をも知っていたはずです。しかし、今や、あなたがたは父を知っており、また、すでに父を見たのです。」ピリポはイエスに言った。「主よ。私たちに父を見せてください。そうすれば満足します。」イエスは彼に言われた。「ピリポ。こんなに長い間あ

なたがたといっしょにいるのに、あなたはわたしを知らなかったの
ですか。わたしを見た者は、父を見たのです。

# 第8章
# 聖霊とは?

聖霊は、おそらく三位一体の神の中で最も誤解され、なじみのない人格です。一つには、多くの教会で聖霊のことがあまり教えられていないという問題があります。そのため、聖霊は大きな「謎」に包まれています。その他の場合は、聖霊が悪用され、これが神を求めている人々にとって、居心地の悪い雰囲気を作り出すこともあります。

人は理解できないものを敬遠することが多いので、自然の傾向としては、聖霊を無視したり、避けたりしてしまうかもしれません。しかし、聖書は、特に新約聖書において、聖霊について多くのことを語っているので、私たちは勝利のクリスチャン生活を送ることができるように、聖霊を探し求め、聖霊に出会い、そして聖霊の力にアクセスするための方策を講じる必要があります。聖書は、私たちが主との生き生きとした良好な関係を望む**ならば**、私たちは聖霊を知り、聖霊と親密にならなければならないと述べています(ローマ 8:5-8$_1$)。

私たちが、学びを始める上で触れておく必要のある非常に重要な一つのポイントは、私たちが聖霊を私たちの焦点の中心に置いたり、聖霊を必要以上に持ち上げたりしてはいけないということです。中にはそうする人たちもいて、教会の床の上を人々が笑いながら転げ回るという「ラフター・ムーブメント(笑い運動)」のような現象に行きついてしまいます。また、私はある集会で「大声で異言を話す」人たちを見たことがありますが、そこには秩序や調和が全くありませんでした。これでは通常、神は全く高められません。このように神の御霊が悪用されると、それは実際に人々をイエスから遠ざけることになりえます。

　その対極には、御霊を恐れる人々がいて、彼らは聖霊を締め出します。彼らは、礼拝の間、オルターコール（祭壇への招き）に応じたり、特に感動的な歌の後に、少しの間そこにとどまるように促されているように感じることがあるかもしれませんが、自分たちの感情の抑制が効かなくなるのを恐れて、その感情を押しつぶします。残念なことに、その結果、今日の多くの教会が自動操縦で回っています - ただ、教会を「やっている」だけなのです。毎週毎週いつも通りの手順で進められ、そこには、御霊からの喜び、平安、または本当の調和がほとんど起こっていません。

## では、この美しいご人格がどういう方なのかを明らかにしましょう

### 聖霊は神ご自身

　私たちには、一番初め、時間が始まる以前、または地球が形成される以前に、聖霊が水の上を漂っておられたことがわかります（創世記 1:1- 2$_2$）。他の翻訳では、「漂う」という言葉は「動く」ともされています。とても興味深いのは、この「動く」という言葉は聖書で約 74 回使われていますが、聖書全体で、この特定の意味のヘブライ語の単語は 1 つしかありません。その元の言葉は、ローコフで、「たれこめる」「リラックスする」「ひらひら震える」「動く」または「揺り動かす」という意味です。

　聖書はまた、聖霊が御父と御子イエスと並んで、宇宙の共同創造者であると教えています（創世記 1:26$_3$; ヨブ記 33:4$_4$）。この創世記の描写にある「われわれ」とは、三位一体の神がご自身に対して語られているのです！これは、聖霊が永遠の存在であることを意味しています。聖霊が創造に参加されたというだけでなく、私たちは、神だけが無から何かを造ることができることを知っています。

　聖霊はまた、命を与えることができます。それは聖霊の神性を表わしています。なぜなら、神だけが命を作り出し、それを維持することができるからです（申命記 32:39$_5$; 1 サムエル 2:6$_6$）。私たちはまた、聖書全体を通して、死者をよみがえらせるなどといった聖霊独自の力を目にします（ローマ 8:11$_7$）！

神とイエスと聖霊は、同じ特性と力を持つという聖書の記述がたくさんあります。イエスと聖霊には同一の名前と役割が数多くあります。聖霊が共同創造者であるのと同時に、それはキリストにも当てはまります（コロサイ人 1:15-20[8]）。これは、御父、御子、**そして**聖霊の、神としての地位と永遠性（始まりも終わりもない状態）を立証するものです。と言うのも、繰り返しますが、神だけに創造の御業を行なうことができるからです。

この章以前で学んだように、神以外のだれかにその同じ力、権威、威光を帰属させることは冒涜であることを忘れないでください。まさしく、聖霊は、使徒 5:3-4[9]で文字通りに「神」と呼ばれています。ペテロはアナニヤに対して、彼は聖霊を欺いたのだと言っていますが、また、その同じ文章の中で「あなたは神を欺いたのだ」と言っています。

## 人格的存在としての聖霊

聖霊は霊であるので、私たちはしばしば彼を人格として見ることができません。しかし、現実には、私たちは父なる神と同じように、聖霊を思い描くことができます。なぜなら、父なる神もまた霊だからです（ヨハネ 4:23-24[10]）。私たちは御父とイエスだけに焦点を絞りがちになるかもしれませんが、それでは三位一体の人格の 3 分の 1 を無視しています。そして、これは私たちの信仰を激しく弱体化させるのです！実のところ、私たちは切実に聖霊を必要としているのです。なぜなら、聖霊は私たちの人生に、真理、慰め、助言、罪の自覚、力を与えてくれるからです。そして、これは、私たちがイエスに命じられた生き方を実践することができるための**唯一の方法**なのです。

私たちは神の力によってのみ聖い生活を送ることができます。そのため、キリストは私たちの罪の負債を支払って、天に昇られた後、ご自分に従う人たちに、ご自分の霊を授けられ、彼らが力、指示、知恵、大胆さ、そして強さを得て、正しく生きることができるようにしてくださいました。

旧約では、聖霊はやはり大いに活動されていましたが、聖霊の力は通常、特定の期間や出来事に限り、一部の人々においてのみ現れていました。ユダヤの文化では、神は友人や父としてではなく、遠く離れて、完全に隔たれた、絶対的に聖なる、近づくことのできない神として考えられていました。

新約においては、神の御霊がキリストに従う者たちの内に住まうために直接来られたという、神の超自然的な行いのことが記されています。この出来事は「ペンテコステ」と呼ばれています。ペンテコステの「ペンテ」という言葉は、「50」を表わすギリシャ語の単語であり、この驚くべき出来事は過越しの50日後に起こりました - 実に、イエスが十字架につけられたのは、まさに過越しの日だったのです(使徒 2:1-21[11])。

神(御父)が私たちに近づかれ、私たちの一人として生き、私たちのために死に(子なる神イエス)、そして神が私たちの内側に住まわれる(聖霊なる神)などとは、考えられないことでした。私たちが今日当然だと思っていることは、そのころには理解しがたいものだったのです。

本当に興味深いのは、ペンテコステがもともとは旧約聖書の祭事だったということです。過越しの50日後(文字通り49日 - 7週間)、ユダヤ人は「七週の祭り」とも呼ばれる「刈り入れの祭り」を祝っていました。神の民は穀物の供え物を神の御前に持ってきて、収穫のために神をほめたたえていました(申命記 16:9-10[12])。

刈り入れの祭りは、今日もまだ効力のある唯一の旧約の祭りの一つです。なぜなら、旧約の祭りのほとんどがいけにえの制度 - 罪のために動物の血を流すこと - を中心としていたためで、それはイエスが十字架上で死んでいけにえの子羊となられたときに撤廃されました。しかしながら、今日救いのために主イエス・キリストを信じていないユダヤ人たちは、メシアがまだ来ていないと信じているので、まだ旧約の祭りのすべてを行なうかもしれません。

現在、刈り入れの祭り - ペンテコステ - は、新約にふさわしい祝いです。聖霊は私たちの人生に正しい生き方の「収穫」をもたらすお方であり、聖霊は私たちがキリストのために魂の「収穫」をするのを助けてくださるからです。そしてペンテコステは、私たちの人生における神の備えと働きを顧みて感謝する機会を与えてくれるものです。

## 聖霊の役目

聖霊は、イエスに命を委ねた人々に多くのすばらしい、大切な贈り物を授けてくださいます。私たちが救いを受けた後は、聖霊が私たちの霊的、精神的、

感情的、物理的な生活を第一に影響する存在となります。私たちがキリストと一つであり続ける中で、一日も欠かさず、絶えず私たちを指導し、私たちを導き、私たちに力を与え、私たちに道を示すのは、聖霊の責任です。この段落中の「委ねた」と「続ける」という言葉が示唆するものは、私たちが神の力と祝福を受けようというのならば、私たちは神に対して正直に、一貫して、親密に深く関わる必要があるということです。

ヨハネ 14:9-11[13] で、イエスは、ご自分と御父は一つであると言われます。イエスはここでご自分と御父が同等であると述べているのです！それだけではなく、御霊もまた、御父と御子と一つであられます。だからこそ私たちは「父と子と聖霊の御名によって」と言うのです。神だけが完全にご自身と調和し、一致することができるので、これは聖霊を神の地位にあるものとみなすものです。聖霊は、力と栄光において、御父と御子と同じなのです。

聖霊が私たちにくださる最もすばらしい賜物の一つは霊の誕生です（ヨハネ 3:5-8[14]; テトス 3:4-6[15]）。聖霊はまた、私たちに永遠の命を与えてくださいます（ヨハネ 6:63[16]）。ヨハネ 14:17[17] を見てみましょう。イエスがこのように言われることに注目してください。「あなたがたはその方（聖霊）を知っています。その方はあなたがたとともに住んでおられるからです。」イエスは、今あなたがたの「中に」とは言われません。思い出してください。イエスの死、埋葬、復活の後、それに続くペンテコステまでは、聖霊は直接クリスチャンの人生の中へと解き放たれていなかったのです（ヨハネ 7:39[18]）。

救いの瞬間に、霊的に私たちにバプテスマを施すことによって、聖霊が私たちの中に入って来られることを忘れないでください。その時、聖霊は私たちをご自分で満たしてくださいます（使徒 1:5-8[19]）。私たちはまた、私たちの救いと永遠の命の賜物を公的に証するものとして、物理的に、また霊的にイエス・キリストのバプテスマを受けます（使徒 2:38[20]; ヨハネ 6:27[21]）。

ヨハネ 14:17[22] をもう一度見てみましょう。御霊は「（今、）彼らとともに（住み）」とあります - なぜなら、聖霊はイエスの中に、またイエスを通して住んでおられたからです。イエスが物理的に弟子たちとともにおられたからです。しかし、このくだりには続けて「彼（御霊）は後に彼らのうちにおら

れる」とあります。これは、イエスと御霊がひとつであることをさらに証明しています。なぜなら、イエスがご自分は私たちとともにいると言われるとき、聖霊が私たちとともにおられるからです。

さらに、ヨハネ 14:18[23] は、イエスが「私たちのところに来られる」と述べています。思い出してください。イエスは将来の再臨まで、文字通りの物理的な形では戻って来られません。ですから、イエスは聖霊という形で「信じる者たちのところにに来る」ことを言っておられたのです。

実際、イエスは、ご自分が地を去るのは、とりわけ、聖霊が私たちのところに来ることができるためだと言われます ( ヨハネ 16:7[24])。これは、イエスが人間としては全世界に達することができなかったからです。しかし、神の御霊は、イエスを主として、また、救い主として受け入れることを決めたすべての人、一人一人の内に、個別に住むことがおできになります。さらに驚くべきことに、イエスは、あなたと私、つまりイエスの信者たちは、御父、御子、聖霊とひとつになると言われるのです ( ヨハネ 14:20[25])!

## 卓越した聖霊のその他の特性

聖霊は私たちの弁護者です。とても素晴らしいのは、弁護者という称号がイエスのものでもあることです (1 ヨハネ 2:1[26])。弁護者とは、弱い人たちや経験の浅い人たちの味方となり、彼らの立場を守る人です。私たちの罪深い性質や、サタンという敵に対する私たちの弱さを考えると、私たちは強大な力と助けを切実に必要としています。私たちには、私たちのために戦い、私たちを守ってくれる誰か、人間の弱さによって制限されない誰かが必要です。

その上、聖霊は真理の御霊と呼ばれ、私たちを全ての真理に導き入れてくださいます ( ヨハネ 16:13[27])。イエスもまた真理と呼ばれます ( ヨハネ 14:6[28])。そして聖書は、神は ( 真理であられるので ) 嘘をつくことができないと述べています ( ヘブル 6:18[29]) [ カッコ内筆者 ]。真理という言葉を聞くと、多くの場合、私たちは「真実を語る」ことを考えます。私たちは、その時々で、そうするかもしれないし、そうしないかもしれません。しかし、三位一体を構成する方々は真理です。彼らは真理を体現し、100% いつも、誠

実であらざるを得ないのです。

　聖霊のもう一つの非常に優れた役割は、私たちのために祈り、私たちのためにとりなしてくださることです (ローマ 8:26-27[30])。これもまた、イエスが私たちのためにしてくださることでもあります (ヘブル 7:24-25[31])。最後に、素晴らしい聖霊は私たちの教師でもあります (1 ヨハネ 2:26-27[32])。そして興味深いことに、イエスもまたヨハネ 13:13[33] で私たちの先生と呼ばれています。

**では、素敵な聖霊がどういう方かを強調すると：**

　聖霊は三位一体の神 ( 父、御子、聖霊 ) の三分の一を担います。彼は宇宙の共同創造者です。彼は私たちに罪の自覚を与えられます。

　聖霊は未信者の霊的な目を開かれます。彼は私たちに救いの必要性を納得させます。彼は神の御言葉の真理を裏付けます。私たちが本気で自分の人生をイエス・キリストに委ねるとき、聖霊は私たちの救いと、神との正しい関係を保証してくださいます。

**聖霊はまた：**

- 私たちに信仰を与えてくださる
- 私たちが神の望みにしたがって生きるために必要な力を与えてくださる
- 私たちの邪悪な欲望への束縛を終わらせる
- ガラテヤ 5:22-23[34] に説明されているように、私たちの内に実を結ばせる
- 素晴らしく、賢明で、愛ある助言者である
- 必要な時に私たちを助け、慰めてくださる

　私たちはイエスとの関係に集中することによってのみ、神聖な生き方をすることができます。私たちは毎日の祈り、聖書の学び、本当の悔い改め、心からの告白、そして本物の信者たちとの交わりを通して、これを成し遂げます。しかし、このような人生を生きる力は、聖霊のみから来るものです。私

たちの役割は、私たちの内部で変えられなければならないことを変える許可を聖霊に与え、聖霊の導きと指示に従うことです。聖霊は、神が私たちの人生のために意図してくださった自由を私たちが経験することを切望しておられます。聖霊は、私たちが御父に栄光をもたらすことができるように、私たちがもっとイエスに似たものとなることを望まれます。そして、聖霊は、私たちが神の御国に他の人たちを連れて来るという、クリスチャンとしての役目を果たすことを願っておられるのです。

クリスチャン生活に活力を与えてくださるお方は聖霊です！

# 第8章
# 聖句集

1. **ローマ 8:5-8:** 肉に従う者は肉的なことをもっぱら考えますが、御霊に従う者は御霊に属することをひたすら考えます。 肉の思いは死であり、御霊による思いは、いのちと平安です。 というのは、肉の思いは神に対して反抗するものだからです。それは神の律法に服従しません。いや、服従できないのです。 肉にある者は神を喜ばせることができません。

2. **創世記 1:1-2:** 初めに、神が天と地を創造した。 地は形がなく、何もなかった。やみが大いなる水の上にあり、神の霊は水の上を動いていた。

3. **創世記 1:26:** そして神は、「われわれに似るように、われわれのかたちに、人を造ろう。そして彼らに、海の魚、空の鳥、家畜、地のすべてのもの、地をはうすべてのものを支配させよう。」と仰せられた。

4. **ヨブ記 33:4:** 神の霊が私を造り、全能者の息が私にいのちを与える。

5. **申命記 32:39:** しかし見よ、わたしこそ、わたしこそそれである。わたしのほかに神はない。わたしは殺し、また生かす。わたしは傷つけ、またいやす。わが手を逃れうる者は、一人もない。

6. **1 サムエル 2:6:** 主は殺し、また生かし、よみに下し、また上げる。

7. **ローマ 8:11:** もしイエスを死者の中からよみがえらせた方の御霊が、あなたがたのうちに住んでおられるなら、キリスト・イエスを死者の中からよみがえらせた方は、あなたがたのうちに住んでおら

れる御霊によって、あなたがたの死ぬべきからだをも生かしてくださるのです。

8. **コロサイ 1:15-20:** 御子は、見えない神のかたちであり、造られたすべてのものより先に生まれた方です。なぜなら、万物は御子にあって造られたからです。天にあるもの、地にあるもの、見えるもの、また見えないもの、王座も主権も支配も権威も、すべて御子によって造られたのです。万物は、御子によって造られ、御子のために造られたのです。 御子は、万物よりも先に存在し、万物は御子にあって成り立っています。 また、御子はそのからだである教会のかしらです。御子は初めであり、死者の中から最初に生まれた方です。こうして、ご自身がすべてのことにおいて、第一のものとなられたのです。 なぜなら、神はみこころによって、満ち満ちた神の本質を御子のうちに宿らせ、その十字架の血によって平和をつくり、御子によって万物を、ご自分と和解させてくださったからです。地にあるものも天にあるものも、ただ御子によって和解させてくださったのです。

9. **使徒 5:3-4:** そこで、ペテロがこう言った。「アナニヤ。どうしてあなたはサタンに心を奪われ、聖霊を欺いて、地所の代金の一部を自分のために残しておいたのか。 それはもともとあなたのものであり、売ってからもあなたの自由になったのではないか。なぜこのようなことをたくらんだのか。あなたは人を欺いたのではなく、神を欺いたのだ。」

10. **ヨハネ 4:23-24:** しかし、真の礼拝者たちが霊とまことによって父を礼拝する時が来ます。今がその時です。父はこのような人々を礼拝者として求めておられるからです。 神は霊ですから、神を礼拝する者は、霊とまことによって礼拝しなければなりません。」

11. **使徒 2:1-21:** 五旬節の日になって、みなが一つ所に集まっていた。 すると突然、天から、激しい風が吹いてくるような響きが起こり、彼らのいた家全体に響き渡った。 また、炎のような分かれた舌が現われて、ひとりひとりの上にとどまった。 すると、みなが聖霊に満

たされ、御霊が話させてくださるとおりに、他国のことばで話しだした。 さて、エルサレムには、敬虔なユダヤ人たちが、天下のあらゆる国から来て住んでいたが、この物音が起こると、大ぜいの人々が集まって来た。彼らは、それぞれ自分の国のことばで弟子たちが話すのを聞いて、驚きあきれてしまった。 彼らは驚き怪しんで言った。「どうでしょう。いま話しているこの人たちは、みなガリラヤの人ではありませんか。 それなのに、私たちめいめいの国の国語で話すのを聞くとは、いったいどうしたことでしょう。 私たちは、パルテヤ人、メジヤ人、エラム人、またメソポタミヤ、ユダヤ、カパドキヤ、ポントとアジヤ、フルギヤとパンフリヤ、エジプトとクレネに近いリビヤ地方などに住む者たち、また滞在中のローマ人たちで、ユダヤ人もいれば改宗者もいる。またクレテ人とアラビヤ人なのに、あの人たちが、私たちのいろいろな国ことばで神の大きなみわざを語るのを聞こうとは。」人々はみな、驚き惑って、互いに「いったいこれはどうしたことか。」と言った。 しかし、ほかに「彼らは甘いぶどう酒に酔っているのだ。」と言ってあざける者たちもいた。 そこで、ペテロは十一人とともに立って、声を張り上げ、人々にはっきりとこう言った。「ユダヤの人々、ならびにエルサレムに住むすべての人々。あなたがたに知っていただきたいことがあります。どうか、私のことばに耳を貸してください。 今は朝の九時ですから、あなたがたの思っているようにこの人たちは酔っているのではありません。 これは、預言者ヨエルによって語られた事です。『神は言われる。終わりの日に、わたしの霊をすべての人に注ぐ。すると、あなたがたの息子や娘は預言し、青年は幻を見、老人は夢を見る。 その日、わたしのしもべにも、はしためにも、わたしの霊を注ぐ。すると、彼らは預言する。 また、わたしは、上は天に不思議なわざを示し、下は地にしるしを示す。それは、血と火と立ち上る煙である。主の大いなる輝かしい日が来る前に、太陽はやみとなり、月は血に変わる。 しかし、主の名を呼ぶ者は、みな救われる。』

12. **申命記 16:9-10:** 七週間を数えなければならない。かまを立穂に入れ始める時から、七週間を数え始めなければならない。 あなたの神、

主のために七週の祭りを行ない、あなたの神、主が賜わる祝福に応じ、進んでささげるささげ物をあなたの手でささげなさい。

13. **ヨハネ 14: 9-11:** イエスは彼に言われた。「ピリポ。こんなに長い間あなたがたといっしょにいるのに、あなたはわたしを知らなかったのですか。わたしを見た者は、父を見たのです。どうしてあなたは、『私たちに父を見せてください。』と言うのですか。わたしが父におり、父がわたしにおられることを、あなたは信じないのですか。わたしがあなたがたに言うことばは、わたしが自分から話しているのではありません。わたしのうちにおられる父が、ご自分のわざをしておられるのです。わたしが父におり、父がわたしにおられるとわたしが言うのを信じなさい。さもなければ、わざによって信じなさい。

14. **ヨハネ 3:5-8:** イエスは答えられた。「まことに、まことに、あなたに告げます。人は、水と御霊によって生まれなければ、神の国にはいることができません。肉によって生まれた者は肉です。御霊によって生まれた者は霊です。あなたがたは新しく生まれなければならない、とわたしが言ったことを不思議に思ってはなりません。風はその思いのままに吹き、あなたはその音を聞くが、それがどこから来てどこへ行くかを知らない。御霊によって生まれる者もみな、そのとおりです。」

15. **テトス 3:4-6:** しかし、私たちの救い主なる神のいつくしみと人への愛とが現われたとき、神は、私たちが行なった義のわざによってではなく、ご自分のあわれみのゆえに、聖霊による、新生と更新との洗いをもって私たちを救ってくださいました。神は、この聖霊を、私たちの救い主なるイエス・キリストによって、私たちに豊かに注いでくださったのです。

16. **ヨハネ 6:63:** いのちを与えるのは御霊です。肉は何の益ももたらしません。わたしがあなたがたに話したことばは、霊であり、またいのちです。

17. **ヨハネ 14:17:** その方は、真理の御霊です。世はその方を受け入れることができません。世はその方を見もせず、知りもしないからです。

しかし、あなたがたはその方を知っています。その方はあなたがたとともに住み、あなたがたのうちにおられるからです。

18. **ヨハネ 7:39:** これは、イエスを信じる者が後になってから受ける御霊のことを言われたのである。イエスはまだ栄光を受けておられなかったので、御霊はまだ注がれていなかったからである。

19. **使徒 1:5-8:** ヨハネは水でバプテスマを授けたが、もう間もなく、あなたがたは聖霊のバプテスマを受けるからです。」そこで、彼らは、いっしょに集まったとき、イエスにこう尋ねた。「主よ。今こそ、イスラエルのために国を再興してくださるのですか。」イエスは言われた。「いつとか、どんなときとかいうことは、あなたがたは知らなくてもよいのです。それは、父がご自分の権威をもってお定めになっています。 しかし、聖霊があなたがたの上に臨まれるとき、あなたがたは力を受けます。そして、エルサレム、ユダヤとサマリヤの全土、および地の果てにまで、わたしの証人となります。」

20. **使徒 2:38:** そこでペテロは彼らに答えた。「悔い改めなさい。そして、それぞれ罪を赦していただくために、イエス・キリストの名によってバプテスマを受けなさい。そうすれば、賜物として聖霊を受けるでしょう。

21. **ヨハネ 6:27:** なくなる食物のためではなく、いつまでも保ち、永遠のいのちに至る食物のために働きなさい。それこそ、人の子があなたがたに与えるものです。この人の子を父すなわち神が認証されたからです。」

22. **ヨハネ 14:17:** しかし、あなたがたはその方を知っています。その方はあなたがたとともに住み、あなたがたのうちにおられるからです。

23. **ヨハネ 16:7:** しかし、わたしは真実を言います。わたしが去って行くことは、あなたがたにとって益なのです。それは、もしわたしが去って行かなければ、助け主があなたがたのところに来ないからです。しかし、もし行けば、わたしは助け主をあなたがたのところに

遣わします。

24. **ヨハネ 14:20:** その日には、わたしが父におり、あなたがたがわたしにおり、わたしがあなたがたにおることが、あなたがたにわかります。

25. **1 ヨハネ 2:1:** 私の子どもたち。私がこれらのことを書き送るのは、あなたがたが罪を犯さないようになるためです。もしだれかが罪を犯したなら、私たちには、御父の御前で弁護してくださる方があります。それは、義なるイエス・キリストです。

26. **ヨハネ 16:13:** しかし、その方、すなわち真理の御霊が来ると、あなたがたをすべての真理に導き入れます。

27. **ヨハネ 14:6:** イエスは彼に言われた。「わたしが道であり、真理であり、いのちなのです。わたしを通してでなければ、だれひとり父のみもとに来ることはありません。

28. **ヘブル 6:18:** それは、変えることのできない二つの事がらによって、──神は、これらの事がらのゆえに、偽ることができません。──前に置かれている望みを捕えるためにのがれて来た私たちが、力強い励ましを受けるためです。

29. **ローマ 8:26-27:** 御霊も同じようにして、弱い私たちを助けてくださいます。私たちは、どのように祈ったらよいかわからないのですが、御霊ご自身が、言いようもない深いうめきによって、私たちのためにとりなしてくださいます。 人間の心を探り窮める方は、御霊の思いが何かをよく知っておられます。なぜなら、御霊は、神のみこころに従って、聖徒のためにとりなしをしてくださるからです。

30. **ヘブル 7:24-25:** しかし、キリストは永遠に存在されるのであって、変わることのない祭司の務めを持っておられます。 したがって、ご自分によって神に近づく人々を、完全に救うことがおできになります。キリストはいつも生きていて、彼らのために、とりなしをしておられるからです。

31. **1 ヨハネ 2:26-27:** 私は、あなたがたを惑わそうとする人たちにつ

いて以上のことを書いて来ました。 あなたがたのばあいは、キリストから受けた注ぎの油があなたがたのうちにとどまっています。それで、だれからも教えを受ける必要がありません。彼の油がす べてのことについてあなたがたを教えるように、——その教えは真理であって偽りではありません。——また、その油があなたがたに教えたとおりに、あなたが たはキリストのうちにとどまるのです。

32.  **ヨハネ 13:13:** あなたがたはわたしを先生とも主とも呼んでいます。あなたがたがそう言うのはよい。わたしはそのような者だからです。

33.  **ガラテヤ 5:22-23:** しかし、御霊の実は、愛、喜び、平安、寛容、親切、善意、誠実、柔和、自制です。このようなものを禁ずる律法はありません。

# 第9章
# サタンとは?

　たいていの人はサタンについて好奇心を持っています。一般的には、彼が「悪者」で、神が「善者」だと考えられています。中には、サタンの存在を完全に疑っている人たちもいます。あるいは、彼のことをピッチフォーク（干し草用の三つまた）を持った、漫画に出てくる小さな赤いキャラクターのことだと思っている人もいます。私たちが聖書の中でサタンについての真実を読まない限り、私たちはおそらく正確な知識を持っていないでしょう。彼は非常に現実で、非常に邪悪で、非常に危険な存在なのです。

　意外なことかもしれませんが、サタンは当初、天にいました（イザヤ14:12-17₁; エゼキエル 28:12-17₂）。これらの聖句は旧約の王たちのことを指していますが、大半の聖書学者たちはそれらがサタンのことをも指すものだとしています。

　サタンは、神の創造物の中で最も美しいものの一つでした。彼は大きな力を持つ御使いでした。彼の別名はルシファーで、「輝き」、または「輝く明けの明星」を意味します。ところが、これらの記述によると、彼は自分の美しさに誇りを持つようになり、いと高き神に逆らう決心をしました。彼はプライドのせいで、美しく、愛される御使いであったのが、「偽りの父」「古い蛇」と呼ばれるようになったのです（ヨハネ 8:44₃; 黙示録 12:9₄）！

　事実、サタンが人間の人生に入り込もうとする方法の一つは、光の御使いとして変装することです。彼は、もしも、私たちが本当は彼がどれほど邪悪で醜悪であるかを知ったら、私たちが彼とは何の関係も持たないであろうことを知っています。悪魔に従う人間たちも、しばしば自分たちの本意を隠します（2 コリント 11:12-15₅）。しかし、そのために善と悪の区別がつきに

くくなることが多々あります。そのために、私たちには聖霊と神の御言葉による識別が切に必要となるのです。識別とは、ある人が本物か偽物か、誠実であるか欺瞞的であるかを見分ける能力のことです。

イエスは、サタンが天から堕ちるのを見たと言っておられます（ルカ 10:17-18[6]）。それ以来、サタンはまさに悪の根源として、地上に破壊をもたらしてきました（１ヨハネ 3:8[7]）。実際、イエスは、まさに、人々を悪魔の手から解放するために来られたのです（コロサイ 1:13-14[8]）。

いかにも、使徒ペテロは、主が私たちの人生のために持っておられる主要な目的の一つを明らかにしています。「しかし、あなたがた（クリスチャン）は、選ばれた種族、王である祭司、聖なる国民、神の所有とされた民です。それは、あなたがたを、やみの中（サタンの領域）から、ご自分の驚くべき光（神の御国）の中に招いてくださった方（イエス）のすばらしいみわざを、あなたがたが宣べ伝えるためなのです。」（１ペテロ 2:9; カッコ内筆者）。

「サタン」という名前そのものが敵対者という意味、すなわち、何か、あるいは誰かに対して「敵対する」という意味です。サタンは、天から投げ落とされて以来、神と神が象徴するすべてのものに敵対してきました。サタンは自分が神と直接戦うことができないことを知っているので、代わりに神の民と戦い、昼夜を問わず彼らのことを非難しています（ゼカリヤ 3:1-2[9]; 黙示録 12:10[10]）。私たちがこの世で目にする悪の多くは、人間の利己主義によるものですが、多くの出来事や状況は、サタンの働きのために一層ひどいものになるのです。

## サタンはなぜそんなに成功しているのか？

サタンは神と神の民を憎んでいます。そして彼の悪意に満ちた意図は、神が愛する者ならば何であっても、誰であっても、殺し、損ない、破壊することです（ヨハネ 10:10[11]）。私たちは皆、神の形に似せて造られているので、サタンは人間を全般的に嫌悪しています。しかし、サタンは、イエスを愛する者たちに対しては、特別に激しい憎しみを持っています。

サタンは、私たちを軌道から外し、私たちの焦点を神から遠ざけるためなら、あらゆる手段を駆使しようとします。彼が私たちよりも計り知れないほ

ど強力であることを否定するのは愚かなことです。偽造の達人であるサタンにとって、サタンは存在しないと人々が信じ込む時ほど嬉しいことはありません。私たちはサタンが実在することを信じなければなりません！

悪魔の主な手口の一つは、私たちの心に疑念を抱かせ、神と神の真理から私たちの目を背けるように誘惑することです。これは、有名なアダムとエバの話に見られます。彼らは善悪の知識の木から食べてはいけないと神に言われていましたが、蛇（サタン）はエバに、彼女には取り逃しているものがたくさんあり、神が利己的にそれらのものを彼女から隠しているのだと思い込ませました。それで、エバは神の代わりに悪魔を信じてしまい、その結果は全く悲惨なものとなりました（創世記 3:1-24[12]）。

この記述から分かることは、サタンには私たちの「考えを読む」ことはできませんが、私たちの頭の中に考えや思いを差し挟むことができるということです。サタンは私たちの行動を観察し、私たちの弱点を知っています。興味深いことに、サタンは今日でも疑念を植え付けるというこの戦術を用いています。そして、それは今でも何百万人もの人々を神と神のご計画から遠ざけているのです。

## サタンの限られた力

サタンは、神ご自身に近づくことを許されています。また、彼は「信者」と呼ばれる神の民を誘惑することも許されています（ヨブ記 1:1-12[13]）。しかし、ありがたいことに、クリスチャンはイエスに守られており、これらの試練を乗り越えるためにイエスが祈ってくださっています（ルカ 22:31-32[14]）。しかし、あなたがイエス・キリストにある救いを通して神との関係を持っていなければ、悪魔から護られることを同じように期待することはできません。未信者（救われていない人）は、その魂が実際にサタンにとりつかれることがあります。つまり、悪魔は文字通りに人間の考えや意志を乗っ取ることができるのです（ルカ 22:3[15]）。

繰り返しますが、本物のクリスチャンがサタンにとりつかれることは不可能です。なぜなら、彼らの内には聖霊が宿っており、悪魔は神と共存することができないからです。しかし、それでもサタンは大混乱を起こし、信者を

*虐げることができます*（使徒 10:38[16]；1 テサロニケ 2:18[17]；1 ペテロ 5:8-9[18]）。神は、私たちをもっと完全にご自分に頼らせ、私たちの品性を高めるために、悪魔と悪霊たちが私たちの人生に苦難をもたらすことを許されることさえあるかもしれません（2 コリント 12:7[19]）。

悪魔にとりつかれると、それが精神疾患として現れることがあります（マルコ 5:1-15[20]）。聖書はまた、暴力行為（ルカ 8:26-29[21]）や身体的な病気や障害（ルカ 13:11[22]、マタイ 12:22[23]）という形で現れる悪魔の活動も記録しています。言うまでもなく、これは、人々が病気になったり、暴力的に振る舞ったり、精神病になったりする時に、彼らが悪魔に取り憑かれていることを意味するものではありません！しかし、これは確かにその一因になりえるものなのです。

サタンにはまた、悪霊と呼ばれる堕落した御使いたちの大軍がついています。サタンの別称はベルゼブルといい、「悪霊どものかしら」または「悪霊の君主」という意味です（マタイ 12:24[24]）。この聖句は、パリサイ人がイエスを憎んで、イエスの力が悪魔からのものであるとほのめかしたことに言及したものですが、サタンが「悪霊の君主」と呼ばれることを示しています。

サタンは創造された存在なので、一度にあらゆる場所に存在することはできません。神ご自身だけが「遍在」されます。それは、同時にあらゆる場所におられるという意味です。だから、サタンは悪霊を使って自分のために汚い仕事をさせます。実際、悪霊には担当する地理的な領域があります（ダニエル 10:13[25]、エペソ 6:10-12[26]）。

サタンは「この世の神」とも「この世の支配者」とも呼ばれています（ルカ 4:5-6[27]；ヨハネ 12:31[28]；2 コリント 4:3-4[29]；1 ヨハネ 5:19[30]）。ここでいう世とは、人間が生きている物質的、社会的、経済的、政治的、物理的な領域のことです。そのようなわけで、イエスを信じていない人たちの間には、多くの悪が見られるのです。彼らの思考は文字通り悪魔に支配されているのです（エペソ 2:1-2[31]）。

クリスチャンでさえも、イエスを受け入れる前は悪魔に従っていました。しかし、彼らは自分たちの魂の敵を拒絶し、代わりに自分たちの魂を愛してくださるイエスに立ち返るという、極めて重要で永久的な決断をしました。

あなたが誰に仕えるかは、あなただけの選択であることを理解することが必要不可欠です。次の聖句では、偽りの神々と「主」だけが言及されていることに注目してください。二者択一なのです（ヨシュア 24:15[32]）

## あなたは誰に仕えますか？

　神が真理であり、それゆえに嘘をつくことができないのと同じように、サタンは根本的には嘘つきであり、殺人者です。人は、神の性格を真似て反映させることができるのと同じように、サタンの性格を真似て反映させることもできます（2テモテ 2:25-26[33]）。自分の人生を誰に捧げるかは、人それぞれの個人的な選択です。実のところは、あなたはイエスに従うことを選ぶか、自分の魂の敵に従うことを選ぶかのどちらかなのです（マタイ 12:30[34]）。

　聖書は、信者と未信者を分けるのは、その人の全体的な生き方の善し悪しであると、はっきりと述べています（1ヨハネ 3:9-10[35]）。クリスチャンとして、私たちはむろん間違いを犯します！忘れないでください。私たちの「義」は、イエスによってもたらされるものであって、私たちの努力によるものではありません。しかし、あなたの動機、考え、行動にしたがって、どちらの側に「生きる」かを選択することができるのは、あなただけなのです。

　あなたはこう思うかもしれません。「私はイエスには従わないが、悪魔崇拝者ではない！」しかしながら、私たちは中立ではいられません。私たちは暗闇の中で生きるか、光の中で生きるか、すなわち、サタンのために生きるか、キリストのために生きるかのどちらかなのです（使徒 26:15-18[36]）。サタンの唯一の動機は、私たちを奴隷にし、滅ぼすことです。キリスト**だけ**が私たちを自由にすることができます。なぜなら、そうする力を持ち、そうしたいと願われるのは、キリストだけだからです。

　イエスを愛するか、イエスを拒むかという私たちの選択こそが、最終的に私たちのさばきの基準になります。中立の立場はありません。私たちは「何となく」クリスチャンになることはできません。実際、神はこのような偽善的な言動を嫌われます。神は、あなたがクリスチャンであるふりをするよりも、むしろ、率直に神を否定することの方を好まれるのです（黙示録 3:15-

16$_{37}$）！

　新しい信者は特にサタンの攻撃に対して弱いものです（ルカ 8:12$_{38}$）。だからこそ、彼らが救いの直後にキリスト教の教義を学ぶための訓練を受けることが不可欠なのです。彼らは、信仰の成熟した人たちから、どうやって悪魔の攻撃に抵抗するのか、どのように祈るのか、どうやって古い欲望に打ち勝つのか、どのように神の御言葉を読むのかを理解するための手助けをしてもらう必要があります。

## 私たちはどのようにサタンに対処すべきか？

　私の個人的な信念では、私たちはいかなる方法でも決して悪魔とコミュニケーションをとるべきではありません。私は、悪魔と会話をしたり、悪魔に向かって怒鳴ったり、悪魔に従うように要求したりするクリスチャンを幾人か目撃したことがあります！私は「怒鳴ったり、叫んだり」するという言葉を実際に聖書の中で探してみました。怒鳴るというのは、人と人の間で起こっているのが言及されているだけでしたし、「叫び声」というのは、悪霊がイエスに立ち向かって来る時や、悪霊に取り憑かれた数名の男たちに関連して記録されているだけなのです！

　サタンと関わりを持つよりも、私は主に保護を求めて行き、主が私の敵との戦いを戦ってくださるようお願いする方を選びます。大天使ミカエルでさえも、主がサタンを取り扱ってくださるよう求めました（ユダ 1:9$_{39}$）。

　最後に、私たちはオカルトと関係のあるものには断固として近づかないようにしなければなりません。これには、占い、ウィジャ盤、星占い、降霊術、霊媒が含まれます（申命記 18:9-14$_{40}$；イザヤ書 8:19$_{41}$）。無邪気な娯楽のように見えるかもしれないものが、文字通りあなたを奴隷にしうるのです。サタンは残忍な監督者であり、あなたを破壊するためには何でもします。私たちの敵である悪魔について私たちが知らなければならないことは、すべて聖書の中にあります。神は、ご自分が私たちに知恵と方向性を与えるお方でありたいと願っておられるのです。

　聖書は信じる者たちに、悪魔に立ち向かいなさい、と命じます。そうすれば悪魔は逃げ去る、と。つまり、大急ぎで去るということです（ヤコブ 4:7$_{42}$）！

しかし、まず、私たちは自らへりくだり、自分の人生を神に委ねなければなりません。**そうして**初めて、私たちは悪魔の攻撃に耐えることができるようになるのです。神は、私たちの心、思考、魂、体など、私たちの全存在が、ご自分の愛に満ちた管理の下に置かれることを望んでおられます。

私たちが主と毎日深く交わりながら生活するとき、私たちはサタンからの守りを与えられます。もちろん、先に述べたように、私たちにはまだ問題があるでしょうし、嘘つきの蛇から嫌がらせを受け続けることもあるかもしれません！しかし、自分勝手な生き方をしながら、難を逃れるために短い祈りをするだけでは、本当の安心は得られないのです！

それゆえに、神は、この霊的な戦いのための霊的な武器を私たちに与えてくださったのです。これらの武器は超自然的なものであり、それらは、日常的に、また、聖霊の力によって使用される際にのみ、効果を発揮します。私たちが悪魔に対して使う最も強力な武器は、「御霊の剣」と呼ばれる神の御言葉と祈りです。

私たちの闘いのためのその他の武器は、エペソ 6:13-18[43] に挙げられています。この箇所は、私たちに、戦いに出て行ったり、怒鳴ったり、敵を倒そうとしたりするようにとは命じていないことにお気づきください。私たちは、しっかりと立つように命じられています。唯一挙げられている攻撃用の武器は聖書であり、私たちは攻撃を受けている時に、聖書に書かれていることを読み、それを声に出して発することができるのです。

## 奇跡を見たと思った！

イエス・キリストの物理的な、目に見える再臨に至るまでの日々に、人々は終わりが近づいていることを感じるでしょう。自然災害が増え、悪が増大するでしょう。キリストに従うと主張する人々さえも、キリストを拒絶するでしょう。これは、欺瞞をまん延させるためのレシピです。人々は答えを探し求め、自分たちの恐怖や不安を和らげるために、多くの間違った考えや手法を受け入れるようになるでしょう。そこに登場するのが、サタンの最後の攻撃です。

終わりの日には、奇跡が増えるでしょう。だから、私たちは超自然的な活

動については、非常に注意しなければなりません（２テサロニケ 2:9-10[44]；黙示録 16:14[45]）。これらの聖句は反キリストのことを語っています。それは、終わりの時に現れて、その行く手にいるすべての人を欺き、滅ぼす者で、彼はサタンによって力を与えられます。しかし、サタンとその悪霊たちは現在でも奇跡を行なうことができることを承知していてください。

繰り返しますが、奇跡を見たからといって、それが必ず神によるものだとは限りません（黙示録 19:20[46]）。悪魔は、人々を主から遠ざけるために、このようなニセの方法を用いるでしょう。実際、彼は誰かを死者の中から復活させる力までも神から与えられます（黙示録 13:11-15[47]）。素晴らしいニュースは、サタンとその悪霊たちは最終的には火と硫黄の池に投げ込まれ、永遠に苦しみを受けることになるということです（黙示録 20:7-10[48]）。しかしながら、地上で生きている間に、イエス・キリストによる神の救いの申し出を拒否した人たちには、最大の悲しみが待っています。彼らは、本来は悪魔とその悪霊たちのためだけに用意されていた燃える池の中で、悪魔と一緒になるのです（マタイ 25:41[49]）。

私たちは一度死んでしまえば、考えを変えることはできません。神に従うか、悪魔に従うか、したがって、天国に行くか地獄に行くかの決断は、この生涯のうちにしかできないのです。だからこそ、クリスチャンは聖霊の導きに従って、可能な限りすべての人に自分の信仰を愛をもって分かち合うことが必要不可欠なのです。サタンと地獄は非常に現実的なものです。あなたは永遠に生きます。しかし、あなたの永遠の行き先を選ぶことができるのはあなただけです。そして、私たちが永遠に神と共に生きることができるように、神だけが、イエス・キリストを通して、私たちの道をまっすぐにし、打ち克つための勝利を与えてくださることができるのです（ 言 3：5-6[50]； 4：10-13[51]）。

あなたの人生をかけて
イエス・キリストに仕
える決心をして、
悪魔と戦いましょう！

# 第9章
# 聖句集

1. **イザヤ 14:12-17:** 暁の子、明けの明星よ。どうしてあなたは天から落ちたのか。国々を打ち破った者よ。どうしてあなたは地に切り倒されたのか。あなたは心の中で言った。『私は天に上ろう。神の星々のはるか上に私の王座を上げ、北の果てにある会合の山にすわろう。密雲の頂に上り、いと高き方のようになろう。』しかし、あなたはよみに落とされ、穴の底に落とされる。 あなたを見る者は、あなたを見つめ、あなたを見きわめる。『この者が、地を震わせ、王国を震え上がらせ、世界を荒野のようにし、町々を絶滅し、捕虜たちを家に帰さなかった者なのか。』

2. **エゼキエル 28:12-17:**「人の子よ。ツロの王について哀歌を唱えて、彼に言え。神である主はこう仰せられる。あなたは全きものの典型であった。知恵に満ち、美の極みであった。 あなたは神の園、エデンにいて、あらゆる宝石があなたをおおっていた。赤めのう、トパーズ、ダイヤモンド、緑柱石、しまめのう、碧玉、サファイヤ、トルコ玉、エメラルド。あなたのタンバリンと笛とは金で作られ、これらはあなたが造られた日に整えられていた。 わたしはあなたを油そそがれた守護者ケルブとともに、神の聖なる山に置いた。あなたは火の石の間を歩いていた。 あなたの行ないは、あなたが造られた日からあなたに不正が見いだされるまでは、完全だった。 あなたの商いが繁盛すると、あなたのうちに暴虐が満ち、あなたは罪を犯した。そこで、わたしはあなたを汚れたものとして神の山から追い出し、守護者ケルブが火の石の間からあなたを消えうせさせた。 あなたの心は自分

の美しさに高ぶり、その輝きのために自分の知恵を腐らせた。そこで、わたしはあなたを地に投げ出し、王たちの前に見せものとした。

3. **ヨハネ 8:44:** あなたがたは、あなたがたの父である悪魔から出た者であって、あなたがたの父の欲望を成し遂げたいと願っているのです。悪魔は初めから人殺しであり、真理に立ってはいません。彼のうちには真理がないからです。彼が偽りを言うときは、自分にふさわしい話し方をしているのです。なぜなら彼は偽り者であり、また偽りの父であるからです。

4. **黙示録 12:9:** 大きな竜は投げられ、悪魔またはサタンと呼ばれ、全世界を惑わす古い蛇は地に投げられ、その使いたちももろともであった。

5. **2 コリント 11:12-15:** しかし、私は、今していることを今後も、し続けるつもりです。それは、私たちと同じように誇るところがあるとみなされる機会をねらっている者たちから、その機会を断ち切ってしまうためです。 こういう者たちは、にせ使徒であり、人を欺く働き人であって、キリストの使徒に変装しているのです。 しかし、驚くには及びません。サタンさえ光の御使いに変装するのです。 ですから、サタンの手下どもが義のしもべに変装したとしても、格別なことはありません。彼らの最後はそのしわざにふさわしいものとなります。

6. **ルカ 10:17-18:** さて、七十人が喜んで帰って来て、こう言った。「主よ。あなたの御名を使うと、悪霊どもでさえ、私たちに服従します。」イエスは言われた。「わたしが見ていると、サタンが、いなずまのように天から落ちました。

7. **1 ヨハネ 3:8:** 罪のうちを歩む者は、悪魔から出た者です。悪魔は初めから罪を犯しているからです。神の子が現われたのは、悪魔のしわざを打ちこわすためです。

8. **コロサイ 1:13-14:** 神は、私たちを暗やみの圧制から救い出して、愛する御子のご支配の中に移してくださいました。 この御子のうち

にあって、私たちは、贖い、すなわち罪の赦しを得ています。

9. **ゼカリヤ 3:1-2:** 主は私に、主の使いの前に立っている大祭司ヨシュアと、彼を訴えようとしてその右手に立っているサタンとを見せられた。 主はサタンに仰せられた。「サタンよ。主がおまえをとがめている。エルサレムを選んだ主が、おまえをとがめている。これは、火から取り出した燃えさしではないか。」

10. **黙示録 12:10:** そのとき私は、天で大きな声が、こう言うのを聞いた。「今や、私たちの神の救いと力と国と、また、神のキリストの権威が現われた。私たちの兄弟たちの告発者、日夜彼らを私たちの神の御前で訴えている者が投げ落とされたからである。

11. **ヨハネ 10:10:** 盗人が来るのは、ただ盗んだり、殺したり、滅ぼしたりするだけのためです。わたしが来たのは、羊がいのちを得、またそれを豊かに持つためです。

12. **創世記 3:1-24:** さて、神である主が造られたあらゆる野の獣のうちで、蛇が一番狡猾であった。蛇は女に言った。「あなたがたは、園のどんな木からも食べてはならない、と神は、ほんとうに言われたのですか。」女は蛇に言った。「私たちは、園にある木の実を食べてよいのです。 しかし、園の中央にある木の実について、神は、『あなたがたは、それを食べてはならない。それに触れてもいけない。あなたがたが死ぬといけないからだ。』と仰せになりました。」そこで、蛇は女に言った。「あなたがたは決して死にません。 あなたがたがそれを食べるその時、あなたがたの目が開け、あなたがたが神のようになり、善悪を知るようになることを神は知っているのです。」そこで女が見ると、その木は、まことに食べるのに良く、目に慕わしく、賢くするというその木はいかにも好ましかった。それで女はその実を取って食べ、いっしょにいた夫にも与えたので、夫も食べた。 このようにして、ふたりの目は開かれ、それで彼らは自分たちが裸であることを知った。そこで、彼らは、いちじくの葉をつづり合わせて、自分たちの腰のおおいを作った。 そよ風の吹くころ、彼らは園を歩き回られる神である主の声を聞いた。それで人とその妻は、神

である主の御顔を避けて園の木の間に身を隠した。　神である主は、人に呼びかけ、彼に仰せられた。「あなたは、どこにいるのか。」彼は答えた。「私は園で、あなたの声を聞きました。それで私は裸なので、恐れて、隠れました。」すると、仰せになった。「あなたが裸であるのを、だれがあなたに教えたのか。あなたは、食べてはならない、と命じておいた木から食べたのか。」人は言った。「あなたが私のそばに置かれたこの女が、あの木から取って私にくれたので、私は食べたのです。」そこで、神である主は女に仰せられた。「あなたは、いったいなんということをしたのか。」女は答えた。「蛇が私を惑わしたのです。それで私は食べたのです。」神である主は蛇に仰せられた。「おまえが、こんな事をしたので、おまえは、あらゆる家畜、あらゆる野の獣よりものろわれる。おまえは、一生、腹ばいで歩き、ちりを食べなければならない。　わたしは、おまえと女との間に、また、おまえの子孫と女の子孫との間に、敵意を置く。彼は、おまえの頭を踏み砕き、おまえは、彼のかかとにかみつく。」女にはこう仰せられた。「わたしは、あなたのみごもりの苦しみを大いに増す。あなたは、苦しんで子を産まなければならない。しかも、あなたは夫を恋い慕うが、彼は、あなたを支配することになる。」また、アダムに仰せられた。「あなたが、妻の声に聞き従い、食べてはならないとわたしが命じておいた木から食べたので、土地は、あなたのゆえにのろわれてしまった。あなたは、一生、苦しんで食を得なければならない。　土地は、あなたのために、いばらとあざみを生えさせ、あなたは、野の草を食べなければならない。　あなたは、顔に汗を流して糧を得、ついに、あなたは土に帰る。あなたはそこから取られたのだから。あなたはちりだから、ちりに帰らなければならない。」さて、人は、その妻の名をエバと呼んだ。それは、彼女がすべて生きているものの母であったからである。　神である主は、アダムとその妻のために、皮の衣を作り、彼らに着せてくださった。　神である主は仰せられた。「見よ。人はわれわれのひとりのようになり、善悪を知るようになった。今、彼が、手を伸ばし、いのちの木からも取って食べ、永遠に生きないように。」そこで神である主は、人をエデン

の園から追い出されたので、人は自分がそこから取り出された土を耕すようになった。 こうして、神は人を追放して、いのちの木への道を守るために、エデンの園の東に、ケルビムと輪を描いて回る炎の剣を置かれた。

13. **ヨブ記 1:6-12:** ある日、神の子らが主の前に来て立ったとき、サタンも来てその中にいた。 主はサタンに仰せられた。「おまえはどこから来たのか。」サタンは主に答えて言った。「地を行き巡り、そこを歩き回って来ました。」主はサタンに仰せられた。「おまえはわたしのしもべヨブに心を留めたか。彼のように潔白で正しく、神を恐れ、悪から遠ざかっている者はひとりも地上にはいないのだが。」サタンは主に答えて言った。「ヨブはいたずらに神を恐れましょうか。 あなたは彼と、その家とそのすべての持ち物との回りに、垣を巡らしたではありませんか。あなたが彼の手のわざを祝福されたので、彼の家畜は地にふえ広がっています。 しかし、あなたの手を伸べ、彼のすべての持ち物を打ってください。彼はきっと、あなたに向かってのろうに違いありません。」主はサタンに仰せられた。「では、彼のすべての持ち物をおまえの手に任せよう。ただ彼の身に手を伸ばしてはならない。」そこで、サタンは主の前から出て行った。

14. **ルカ 22:31-32:** シモン、シモン。見なさい。サタンが、あなたがたを麦のようにふるいにかけることを願って聞き届けられました。しかし、わたしは、あなたの信仰がなくならないように、あなたのために祈りました。だからあなたは、立ち直ったら、兄弟たちを力づけてやりなさい。」

15. **ルカ 22:3:** さて、十二弟子のひとりで、イスカリオテと呼ばれるユダに、サタンがはいった。

16. **使徒 10:38:** それは、ナザレのイエスのことです。神はこの方に聖霊と力を注がれました。このイエスは、神がともにおられたので、巡り歩いて良いわざをなし、また悪魔に制せられているすべての者をいやされました。

17. **1 テサロニケ 2:18:** それで私たちは、あなたがたのところに行こ

うとしました。このパウロは一度ならず二度までも心を決めたのです。しかし、サタンが私たちを妨げました。

18. **1 ペテロ 5:8-9:** 身を慎み、目をさましていなさい。あなたがたの敵である悪魔が、ほえたけるししのように、食い尽くすべきものを捜し求めながら、歩き回っています。堅く信仰に立って、この悪魔に立ち向かいなさい。ご承知のように、世にあるあなたがたの兄弟である人々は同じ苦しみを通って来たのです。

19. **2 コリント 12:7:** また、その啓示があまりにもすばらしいからです。そのために私は、高ぶることのないようにと、肉体に一つのとげを与えられました。それは私が高ぶることのないように、私を打つための、サタンの使いです。

20. **マルコ 5:1-15:** こうして彼らは湖の向こう岸、ゲラサ人の地に着いた。イエスが舟から上がられると、すぐに、汚れた霊につかれた人が墓場から出て来て、イエスを迎えた。この人は墓場に住みついており、もはやだれも、鎖をもってしても、彼をつないでおくことができなかった。彼はたびたび足かせや鎖でつながれたが、鎖を引きちぎり、足かせも砕いてしまったからで、だれにも彼を押えるだけの力がなかったのである。それで彼は、夜昼となく、墓場や山で叫び続け、石で自分のからだを傷つけていた。彼はイエスを遠くから見つけ、駆け寄って来てイエスを拝し、大声で叫んで言った。「いと高き神の子、イエスさま。いったい私に何をしようというのですか。神の御名によってお願いします。どうか私を苦しめないでください。」それは、イエスが、「汚れた霊よ。この人から出て行け。」と言われたからである。それで、「おまえの名は何か。」とお尋ねになると、「私の名はレギオンです。私たちは大ぜいですから。」と言った。そして、自分たちをこの地方から追い出さないでくださいと懇願した。ところで、そこの山腹に、豚の大群が飼ってあった。彼らはイエスに願って言った。「私たちを豚の中に送って、彼らに乗り移らせてください。」イエスがそれを許されたので、汚れた霊どもは出て行って、豚に乗り移った。すると、二千四ほどの豚の群れが、険しいがけを駆け降り、

湖へなだれ落ちて、湖におぼれてしまった。 豚を飼っていた者たちは逃げ出して、町や村々でこの事を告げ知らせた。人々は何事が起こったのかと見にやって来た。 そして、イエスのところに来て、悪霊につかれていた人、すなわちレギオンを宿していた人が、着物を着て、正気に返ってすわっているのを見て、恐ろしくなった。

21. **ルカ 8:26-29:** こうして彼らは、ガリラヤの向こう側のゲラサ人の地方に着いた。 イエスが陸に上がられると、この町の者で悪霊につかれている男がイエスに出会った。彼は、長い間着物も着けず、家には住まないで、墓場に住んでいた。 彼はイエスを見ると、叫び声をあげ、御前にひれ伏して大声で言った。「いと高き神の子、イエスさま。いったい私に何をしようというのです。お願いです。どうか私を苦しめないでください。」それは、イエスが、汚れた霊に、この人から出て行け、と命じられたからである。汚れた霊が何回となくこの人を捕えたので、彼は鎖や足かせでつながれて看視されていたが、それでもそれらを断ち切っては悪霊によって荒野に追いやられていたのである。

22. **ルカ 13:11:** すると、そこに十八年も病の霊につかれ、腰が曲がって、全然伸ばすことのできない女がいた。

23. **マタイ 12:22:** そのとき、悪霊につかれた、目も見えず、口もきけない人が連れて来られた。イエスが彼をいやされたので、そのおしはものを言い、目も見えるようになった。

24. **マタイ 12:24:** これを聞いたパリサイ人は言った。「この人は、ただ悪霊どものかしらベルゼブルの力で、悪霊どもを追い出しているだけだ。」

25. **ダニエル 10:13:** ペルシヤの国の君が二十一日間、私に向かって立っていたが、そこに、第一の君のひとり、ミカエルが私を助けに来てくれたので、私は彼をペルシヤの王たちのところに残しておき、

26. **エペソ 6:10-12:** 終わりに言います。主にあって、その大能の力によって強められなさい。 悪魔の策略に対して立ち向かうことができ

るために、神のすべての武具を身に着けなさい。 私たちの格闘は血肉に対するものではなく、主権、力、この暗やみの世界の支配者たち、また、天にいるもろもろの悪霊に対するものです。

27. **ルカ 4:5-6:** また、悪魔はイエスを連れて行き、またたくまに世界の国々を全部見せて、こう言った。「この、国々のいっさいの権力と栄光とをあなたに差し上げましょう。それは私に任されているので、私がこれと思う人に差し上げるのです。

28. **ヨハネ 12:31:** 今がこの世のさばきです。今、この世を支配する者は追い出されるのです。

29. **2 コリント 4:3-4:** それでもなお私たちの福音におおいが掛かっているとしたら、それは、滅びる人々のばあいに、おおいが掛かっているのです。 そのばあい、この世の神が不信者の思いをくらませて、神のかたちであるキリストの栄光にかかわる福音の光を輝かせないようにしているのです。

30. **1 ヨハネ 5:19:** 私たちは神からの者であり、全世界は悪い者の支配下にあることを知っています。

31. **エペソ 2:1-2:** あなたがたは自分の罪過と罪との中に死んでいた者であって、そのころは、それらの罪の中にあってこの世の流れに従い、空中の権威を持つ支配者として今も不従順の子らの中に働いている霊に従って、歩んでいました。

32. **ヨシュア 24:15:** もしも主に仕えることがあなたがたの気に入らないなら、川の向こうにいたあなたがたの先祖たちが仕えた神々でも、今あなたがたが住んでいる地のエモリ人の神々でも、あなたがたが仕えようと思うものを、どれでも、きょう選ぶがよい。私と私の家とは、主に仕える。」

33. **2 テモテ 2:25-26:** 反対する人たちを柔和な心で訓戒しなさい。もしかすると、神は彼らに悔い改めの心を与えて真理を悟らせてくださるでしょう。 それで悪魔に捕えられて思うままにされている人々でも、目ざめてそのわなをのがれることもあるでしょう。

34. **マタイ 12:30:** わたしの味方でない者はわたしに逆らう者であり、わたしとともに集めない者は散らす者です。

35. **1 ヨハネ 3:9-10:** だれでも神から生まれた者は、罪のうちを歩みません。なぜなら、神の種がその人のうちにとどまっているからです。その人は神から生まれたので、罪のうちを歩むことができないのです。 そのことによって、神の子どもと悪魔の子どもとの区別がはっきりします。義を行なわない者はだれも、神から出た者ではありません。兄弟を愛さない者もそうです。

36. **使徒 26:15-18:** 私が『主よ。あなたはどなたですか。』と言いますと、主がこう言われました。『わたしは、あなたが迫害しているイエスである。 起き上がって、自分の足で立ちなさい。わたしがあなたに現われたのは、あなたが見たこと、また、これから後わたしがあなたに現われて示そうとすることについて、あなたを奉仕者、また証人に任命するためである。 わたしは、この民と異邦人との中からあなたを救い出し、彼らのところに遣わす。 それは彼らの目を開いて、暗やみから光に、サタンの支配から神に立ち返らせ、わたしを信じる信仰によって、彼らに罪の赦しを得させ、聖なるものとされた人々の中にあって御国を受け継がせるためである。』

37. **黙示録 3:15-16:** 「わたしは、あなたの行ないを知っている。あなたは、冷たくもなく、熱くもない。わたしはむしろ、あなたが冷たいか、熱いかであってほしい。 このように、あなたはなまぬるく、熱くも冷たくもないので、わたしの口からあなたを吐き出そう。

38. **ルカ 8:12:** 道ばたに落ちるとは、こういう人たちのことです。みことばを聞いたが、あとから悪魔が来て、彼らが信じて救われることのないように、その人たちの心から、みことばを持ち去ってしまうのです。

39. **ユダ 1:9:** 御使いのかしらミカエルは、モーセのからだについて、悪魔と論じ、言い争ったとき、あえて相手をののしり、さばくようなことはせず、「主があなたを戒めてくださるように。」と言いました。

**40. 申命記 18:9-14:** あなたの神、主があなたに与えようとしておられる地にはいったとき、あなたはその異邦の民の忌みきらうべきならわしをまねてはならない。 あなたのうちに自分の息子、娘に火の中を通らせる者があってはならない。占いをする者、卜者、まじない師、呪術者、呪文を唱える者、霊媒をする者、口寄せ、死人に伺いを立てる者があってはならない。 これらのことを行なう者はみな、主が忌みきらわれるからである。これらの忌みきらうべきことのために、あなたの神、主は、あなたの前から、彼らを追い払われる。 あなたは、あなたの神、主に対して全き者でなければならない。 あなたが占領しようとしているこれらの異邦の民は、卜者や占い師に聞き従ってきたのは確かである。しかし、あなたには、あなたの神、主は、そうすることを許されない。

**41. イザヤ 8:19:** 人々があなたがたに、「霊媒や、さえずり、ささやく口寄せに尋ねよ。」と言うとき、民は自分の神に尋ねなければならない。生きている者のために、死人に伺いを立てなければならないのか。

**42. ヤコブ 4:7:** ですから、神に従いなさい。そして、悪魔に立ち向かいなさい。そうすれば、悪魔はあなたがたから逃げ去ります。

**43. エペソ 6:13-18:** ですから、邪悪な日に際して対抗できるように、また、いっさいを成し遂げて、堅く立つことができるように、神のすべての武具をとりなさい。 では、しっかりと立ちなさい。腰には真理の帯を締め、胸には正義の胸当てを着け、足には平和の福音の備えをはきなさい。 これらすべてのものの上に、信仰の大盾を取りなさい。それによって、悪い者が放つ火矢を、みな消すことができます。 救いのかぶとをかぶり、また御霊の与える剣である、神のことばを受け取りなさい。 すべての祈りと願いを用いて、どんなときにも御霊によって祈りなさい。そのためには絶えず目をさましていて、すべての聖徒のために、忍耐の限りを尽くし、また祈りなさい。

**44. 2 テサロニケ 2:9-10:** 不法の人の到来は、サタンの働きによるのであって、あらゆる偽りの力、しるし、不思議がそれに伴い、また、滅びる人たちに対するあらゆる悪の欺きが行なわれます。なぜなら、

彼らは救われるために真理への愛を受け入れなかったからです。

45. **黙示録 16:14:** 彼らはしるしを行なう悪霊どもの霊である。彼らは全世界の王たちのところに出て行く。万物の支配者である神の大いなる日の戦いに備えて、彼らを集めるためである。

46. **黙示録 19:20:** すると、獣は捕えられた。また、獣の前でしるしを行ない、それによって獣の刻印を受けた人々と獣の像を拝む人々とを惑わしたあのにせ預言者も、彼といっしょに捕えられた。そして、このふたりは、硫黄の燃えている火の池に、生きたままで投げ込まれた。

47. **黙示録 13:11-15:** また、私は見た。もう一匹の獣が地から上って来た。それには小羊のような二本の角があり、竜のようにものを言った。 この獣は、最初の獣が持っているすべての権威をその獣の前で働かせた。また、地と地に住む人々に、致命的な傷の直った最初の獣を拝ませた。 また、人々の前で、火を天から地に降らせるような大きなしるしを行なった。 また、あの獣の前で行なうことを許されたしるしをもって地上に住む人々を惑わし、剣の傷を受けながらもなお生き返ったあの獣の像を造るように、地上に住む人々に命じた。それから、その獣の像に息を吹き込んで、獣の像がもの言うことさえもできるようにし、また、その獣の像を拝まない者をみな殺させた。

48. **黙示録 20:7-10:** しかし千年の終わりに、サタンはその牢から解き放され、地の四方にある諸国の民、すなわち、ゴグとマゴグを惑わすために出て行き、戦いのために彼らを召集する。彼らの数は海べの砂のようである。 彼らは、地上の広い平地に上って来て、聖徒たちの陣営と愛された都とを取り囲んだ。すると、天から火が降って来て、彼らを焼き尽くした。 そして、彼らを惑わした悪魔は火と硫黄との池に投げ込まれた。そこは獣も、にせ預言者もいる所で、彼らは永遠に昼も夜も苦しみを受ける。

49. **マタイ 25:41:** それから、王はまた、その左にいる者たちに言います。『のろわれた者ども。わたしから離れて、悪魔とその使いたちのために用意された永遠の火にはいれ。

50. **箴 3:5-6:** 心を尽くして主に拠り頼め。自分の悟りにたよるな。 あなたの行く所どこにおいても、主を認めよ。そうすれば、主はあなたの道をまっすぐにされる。

51. **箴 4:10-13:** わが子よ。聞け。私の言うことを受け入れよ。そうすれば、あなたのいのちの年は多くなる。 私は知恵の道をあなたに教え、正しい道筋にあなたを導いた。 あなたが歩むとき、その歩みは妨げられず、走るときにも、つまずくことはない。 訓戒を堅く握って、手放すな。それを見守れ。それはあなたのいのちだから。

# 第10章
# バプテスマ（洗礼）

　バプテスマは、主イエス・キリストから救いを受けた後で私たちの心に起こる霊の変化を、目に見える形で示すものです。通常、バプテスマに至るまでには、一連の出来事があります。最初に、私たちは自分が神に対して罪を犯したことを認識し、神の赦しを必要としていることに気づきます。そして悔い改めます。これは、自分の人生が向かっている方向に背を向け、神に立ち返るための意図的な選択です。次にしなければならないのは、洗礼（バプテスマ）を受けることです（マタイ3：6$_1$; ルカ3：3$_2$）。

　バプテスマは主に従う者たちに対して主から与えられた数少ない命令の一つであり、深い霊的な意味を持つものです。それは、私たちの内なる悔い改めと、神を愛する意志を公に示すものです（マルコ1：4$_3$）。バプテスマは、私たちがイエスの弟子として経験する「死」「埋葬」「復活」を象徴しています。これは陰鬱な響きがするかもしれませんが、聖書はこのプロセスを、新生、つまり文字通り、新しく生まれることとして説明しています。この点からすると、バプテスマは古い生き方に「死ぬ」（水に浸かる）こと、そしてキリストにある新しい生き方に「よみがえる」（水から上がってくる）ことを表わしていることがわかります（ローマ6:1-4$_4$; 7:4$_5$）。

　罪と利己的さは私たちの中にあまりにも強く植え付けられているので、イエスが与えてくださる新しいいのちを受け取るためには、それを「死なせる」必要があります（2コリント5:17$_6$; コロサイ3:5$_7$）。もちろん、私たちが神から異なるいのちを受けたからといって、それ以降の私たちの選択がすべて完璧になるわけではありません！私たちの古い性質（私たちの中で常に神と衝突する部分）は、私たちが永遠に主と一緒になるまで、私たちについてき

ます。

しかし、新しい生き方は可能なのです！私たちが新しく生まれるとき、神はイエスを死からよみがえらせたのと同じ力、すなわち神、聖霊の力を私たちに与えてくださいます（使徒 2:38[8]）。私たちは本当に、新しい考えや、感情、行動、言葉を持つことができるのです。なぜなら、クリスチャンとして、私たちの内には聖霊が住んでおられるからです。私たちは常に自分の古い性質や、外部からの影響、そして悪魔と戦うことになるので、私たちの人生において聖霊の力を切実に必要としています。イエスでさえも、荒野でサタンの誘惑を受ける前にバプテスマを受けられました（マルコ 1:9-13[9]）。

バプテスマを通してイエスとひとつになると、私たちは悪よりも善を選び、反抗よりも従順を選び、死よりも霊的ないのちを選ぶ強さと願望を養い始めるようになります（ガラテヤ 3:27[10]）。私たちはより深い自覚、罪と闘う能力、自分の古い生き方を捨て去るための知恵と力を得ます。私たちは死に対する恐怖心さえも失うことができるようになるのです（ヘブル 2:10-15[11]）。

さらに、私たちはイエスとの「共同相続人」となります。これは、キリストに対する神の約束のすべてが、今や私たちのものであることを意味します（ガラテヤ 3:26-29[12]）。私たちには新しい希望があります。私たちは今や、この地上で価値ある人生を送ることができるからです。私たちがバプテスマによってキリストとともに「十字架につけられ、葬られ、復活する」とき、私たちはまた、死後、新しい復活した体を受け、キリストとともに永遠に生きるという将来の希望を得ることができるのです（ローマ 6:5-7[13]；１テサロニケ 5:10[14]）。

### 私たちは家族です

聖書によると、イエスを心に迎え入れ、バプテスマを受けると、私たちはキリストとその教会とつながり、同定され、今や、真の神の子供となります。バプテスマは、私たちの新しい家族、すなわちイエスを愛する人々に対して、私たちが自分の命が彼らの命と**結ばれてひとつになる**のを望んでいることを宣言するものです（１コリント 12:13[15]；エペソ 4:1-6[16]）。

このギリシャ語の 一致という言葉には、「結束」（くっつく）、「付着する」（文

字通り、接着する)、「つながる」、「魂で結ばれた友情において親密に結ばれる」という意味があります。教会はいまや、私たちの本当の家族です。なぜなら、霊的な絆は血の絆よりも深いものであるからです。だからこそ、私たちは、別のクリスチャンに会うと、それがどの国、どの部族、どの言語から来た人でも、つながりを感じることができるのです。

　実際、イエスは、御父の御心を行う者だけが、ご自分の本当の家族であると言われます。つまり、私たちの血のつながった家族が悔い改めてイエスに人生を捧げない限り、私たちは彼らと永遠を一緒に過ごすことはないということです（マタイ 12:47-50[17]）。言い換えれば、霊的なものは肉体的なものをしのぐのであり、私たちが神の御前で永遠を共に過ごす家族は、他の正真正銘のキリストの弟子たちだけなのです（1テサロニケ 4:13-18[18]）。このことが、あなたが救われていない家族のために祈り始め、彼らとイエスを分かち合うきっかけとなりますように。

## 浸礼か滴礼か？

　バプテスマを授けるという意味のギリシャ語の原語は「バプティゾ」で、文字通り「沈める（完全に濡らす）」、または「完全に液体で覆う」という意味です。洗礼者ヨハネは頻繁にヨルダン川で人々にバプテスマを授けました。彼は、特に水が豊富な場所で洗礼を授けました（ヨハネ 3:23[19]）。私たちの模範であるイエスがバプテスマを受けられた時、聖書には「（イエスは）水から上がってこられた」と書かれています。これはイエスが完全に水に浸かっていたことを意味します（マタイ 3:16-17[20]）。この最中、神が御子のことを完全に喜ばれていたことに留意してください。

　人に水をふりかけたり、水にさっとつけたりすることがバプテスマだと考える教義もありますが、もしそうだとしたら、バプテスマのヨハネはどこででもバプテスマを授けることができたはずです。実に、ふりかけるという意味のギリシャ語は、バプテスマを授けるという意味に使われるのとは、全く異なる語です。それは「ランティスモス」という言葉で、旧約の神殿で幕屋に血がふりかけられたのを描写する語でした（ヘブル 9:18-22[21]）。（ヘブル人への手紙はもともとギリシャ語で書かれたものですが、旧約聖書への言及

が頻繁にあります）。しかし、「血をふりかける制度、動物を犠牲にする制度」は、キリストが民の清めと罪の赦しのためにご自身の血を犠牲にされたときに、無効になりました（ヘブル 10:11-20$_{22}$）。

終わりに、幼児洗礼（滴礼）を信じる教義もあります。しかし、乳児にバプテスマを授けたという聖書の記述はありません。乳児や子供は、会衆の前に連れ出して、主に「捧げる」ことができます。そのような幼い時期にバプテスマを授けないのは、バプテスマを受ける前に、私たちは悔い改めてキリストへの信仰を告白しなければならないと聖書に書かれているからです。

このことは、ある一定レベルの成熟度を示唆しています。私たちが「責任を負う年齢」と呼んでいるもので、子供によって異なりますが、たいてい8-10歳くらいで始まります。赤ん坊は確かに罪の性質を持って生まれてきますが、彼らには従順に従う決意をすることができません。また、もっと大きくなるまでは、罪を犯さないようにしたり、悔い改めたりするための自制心も持ち合わせません。聖書に幼児洗礼がないのは、このためです。

幼児の時に滴礼を受けた人や、病気のために浸礼をすることができなかった人の多くが、自らのバプテスマを心の中で受け止めていることは、私も理解しています。彼らは、責任を負う年齢になってから、カテキズムや堅信のクラスを経て、自らのバプテスマを追認し、認識します。私は論争を引き起こしたいとは思っていません。私は単に、バプテスマについて聖書に書かれていることを指摘しているだけなのです。

## 服従は愛のしるし

私たちがバプテスマにおいて主の指示に従うとき、私たちは主への愛を示します。私は、従順というのは、花嫁が未来の夫に「はい」と言うのと同じように、イエスに「はい！」と言うことであると考えたいと思います。それは、私たちが完全に主のものであること、そして、私たちが古い生き方を捨てて、神との新しいアイデンティティを受け入れたいと願っていることをイエスに知っていただくことなのです。私たちは、主が指示されたとおりに主に従うとき、常に恩恵を受けます。

イエスは私たちに「自分の十字架を負い、主に従いなさい」と言われます（ル

カ 9:23-24$_{23}$）。主は私たちが完全に主に献身することを望んでおられます。「心を尽くし、思いを尽くし、力を尽くし、知性を尽くして、あなたの神である主を愛せよ。」（申命記 6:4-9$_{24}$; マタイ 22:37-40$_{25}$）。主が喜ばれるのは、私たちがその成り行きに構わず、主を愛し，主に従うことを選ぶときです。

バプテスマは、イエスに対する私たちの献身を示すもう一つの素晴らしい方法です。

# 第10章
# 聖句集

1. **マタイ 3:6:** 自分の罪を告白して、ヨルダン川で彼からバプテスマを受けた。

2. **ルカ 3:3:** そこでヨハネは、ヨルダン川のほとりのすべての地方に行って、罪が赦されるための悔い改めに基づくバプテスマを説いた。

3. **マルコ 1:4:** バプテスマのヨハネが荒野に現われて、罪が赦されるための悔い改めのバプテスマを説いた。

4. **ローマ 6:1-4:** それでは、どういうことになりますか。恵みが増し加わるために、私たちは罪の中にとどまるべきでしょうか。 絶対にそんなことはありません。罪に対して死んだ私たちが、どうして、なおもその中に生きていられるでしょう。 それとも、あなたがたは知らないのですか。キリスト・イエスにつくバプテスマを受けた私たちはみな、その死にあずかるバプテスマを受けたのではありませんか。 私たちは、キリストの死にあずかるバプテスマによって、キリストとともに葬られたのです。それは、キリストが御父の栄光によって死者の中からよみがえられたように、私たちも、いのちにあって新しい歩みをするためです。

5. **ローマ 7:4:** 私の兄弟たちよ。それと同じように、あなたがたも、キリストのからだによって、律法に対しては死んでいるのです。それは、あなたがたが他の人、すなわち死者の中からよみがえった方と結ばれて、神のために実を結ぶようになるためです。

6. **2 コリント 5:17:** だれでもキリストのうちにあるなら、その人は新

しく造られた者です。古いものは過ぎ去って、見よ、すべてが新し
くなりました。

7. **コロサイ 3:5:** ですから、地上のからだの諸部分、すなわち、不品行、
汚れ、情欲、悪い欲、そしてむさぼりを殺してしまいなさい。この
むさぼりが、そのまま偶像礼拝なのです。

8. **使徒 2:38:** そこでペテロは彼らに答えた。「悔い改めなさい。そして、
それぞれ罪を赦していただくために、イエス・キリストの名によっ
てバプテスマを受けなさい。そうすれば、賜物として聖霊を受ける
でしょう。

9. **マルコ 1:9-13:** そのころ、イエスはガリラヤのナザレから来られ、
ヨルダン川で、ヨハネからバプテスマをお受けになった。 そして、
水の中から上がられると、すぐそのとき、天が裂けて御霊が鳩のよ
うに自分の上に下られるのを、ご覧になった。 そして天から声がし
た。「あなたは、わたしの愛する子、わたしはあなたを喜ぶ。」そし
てすぐ、御霊はイエスを荒野に追いやられた。 イエスは四十日間荒
野にいて、サタンの誘惑を受けられた。野の獣とともにおられたが、
御使いたちがイエスに仕えていた。

10. **ガラテヤ 3:27:** バプテスマを受けてキリストにつく者とされたあな
たがたはみな、キリストをその身に着たのです。

11. **ヘブル 2:10-15:** 神が多くの子たちを栄光に導くのに、彼らの救い
の創始者を、多くの苦しみを通して全うされたということは、万物
の存在の目的であり、また原因でもある方として、ふさわしいこと
であったのです。 聖とする方も、聖とされる者たちも、すべて元は
一つです。それで、主は彼らを兄弟と呼ぶことを恥としないで、こ
う言われます。「わたしは御名を、わたしの兄弟たちに告げよう。
教会の中で、わたしはあなたを賛美しよう。」またさらに、「わたし
は彼に信頼する。」またさらに、「見よ、わたしと、神がわたしに賜わっ
た子たちは。」と言われます。 そこで、子たちはみな血と肉とを持っ
ているので、主もまた同じように、これらのものをお持ちになりま
した。これは、その死によって、悪魔という、死の力を持つ者を滅

ぼし、一生涯死の恐怖につながれて奴隷となっていた人々を解放してくださるためでした。

12. **ガラテヤ 3:26-29:** あなたがたはみな、キリスト・イエスに対する信仰によって、神の子どもです。 バプテスマを受けてキリストにつく者とされたあなたがたはみな、キリストをその身に着たのです。ユダヤ人もギリシヤ人もなく、奴隷も自由人もなく、男子も女子もありません。なぜなら、あなたがたはみな、キリスト・イエスにあって、一つだからです。 もしあなたがたがキリストのものであれば、それによってアブラハムの子孫であり、約束による相続人なのです。

13. **ローマ 6:5-7:** もし私たちが、キリストにつぎ合わされて、キリストの死と同じようになっているのなら、必ずキリストの復活とも同じようになるからです。 私たちの古い人がキリストとともに十字架につけられたのは、罪のからだが滅びて、私たちがもはやこれからは罪の奴隷でなくなるためであることを、私たちは知っています。死んでしまった者は、罪から解放されているのです。

14. **1 テサロニケ 5:10:** 主が私たちのために死んでくださったのは、私たちが、目ざめていても、眠っていても、主とともに生きるためです。

15. **1 コリント 12:13:** それは、ひとつ霊においてわれらすべてがひとつ体へと洗礼されたからで、ユダヤ人とギリシア人、奴隷と自由人とを問いません。われらはすべてひとつ霊でうるおされたのです。

16. **エペソ 4:1-6:** さて、主の囚人である私はあなたがたに勧めます。召されたあなたがたは、その召しにふさわしく歩みなさい。 謙遜と柔和の限りを尽くし、寛容を示し、愛をもって互いに忍び合い、平和のきずなで結ばれて御霊の一致を熱心に保ちなさい。 からだは一つ、御霊は一つです。あなたがたが召されたとき、召しのもたらした望みが一つであったのと同じです。 主は一つ、信仰は一つ、バプテスマは一つです。 すべてのものの上にあり、すべてのものを貫き、すべてのもののうちにおられる、すべてのものの父なる神は一つです。

17. **マタイ 12:47-50:** すると、だれかが言った。「ご覧なさい。あなたのおかあさんと兄弟たちが、あなたに話そうとして外に立っています。」しかし、イエスはそう言っている人に答えて言われた。「わたしの母とはだれですか。また、わたしの兄弟たちとはだれですか。」それから、イエスは手を弟子たちのほうに差し伸べて言われた。「見なさい。わたしの母、わたしの兄弟たちです。 天におられるわたしの父のみこころを行なう者はだれでも、わたしの兄弟、姉妹、また母なのです。」

18. **1 テサロニケ 4:13-18:** 眠った人々のことについては、兄弟たち、あなたがたに知らないでいてもらいたくありません。あなたがたが他の望みのない人々のように悲しみに沈むことのないためです。 私たちはイエスが死んで復活されたことを信じています。それならば、神はまたそのように、イエスにあって眠った人々をイエスといっしょに連れて来られるはずです。 私たちは主のみことばのとおりに言いますが、主が再び来られるときまで生き残っている私たちが、死んでいる人々に優先するようなことは決してありません。 主は、号令と、御使いのかしらの声と、神のラッパの響きのうちに、ご自身天から下って来られます。それからキリストにある死者が、まず初めによみがえり、次に、生き残っている私たちが、たちまち彼らといっしょに雲の中に一挙に引き上げられ、空中で主と会うのです。このようにして、私たちは、いつまでも主とともにいることになります。こういうわけですから、このことばをもって互いに慰め合いなさい。

19. **ヨハネ 3:23:** 一方ヨハネもサリムに近いアイノンでバプテスマを授けていた。そこには水が多かったからである。人々は次々にやって来て、バプテスマを受けていた。

20. **マタイ 3:16-17:** こうして、イエスはバプテスマを受けて、すぐに水から上がられた。すると、天が開け、神の御霊が鳩のように下って、自分の上に来られるのをご覧になった。 また、天からこう告げる声が聞こえた。「これは、わたしの愛する子、わたしはこれを喜ぶ。」

21. **ヘブル 9:18-22:** したがって、初めの契約も血なしに成立したので

はありません。モーセは、律法に従ってすべての戒めを民全体に語っ
て後、水と赤い色の羊の毛とヒソプとのほかに、子牛とやぎの血を
取って、契約の書自体にも民の全体にも注ぎかけ、「これは神があな
たがたに対して立てられた契約の血である。」と言いました。また
彼は、幕屋と礼拝のすべての器具にも同様に血を注ぎかけました。
それで、律法によれば、すべてのものは血によってきよめられる、
と言ってよいでしょう。また、血を注ぎ出すことがなければ、罪の
赦しはないのです。

22. **ヘブル 10:11-18:** また、すべて祭司は毎日立って礼拝の務めをな
し、同じいけにえをくり返しささげますが、それらは決して罪を除
き去ることができません。しかし、キリストは、罪のために一つの
永遠のいけにえをささげて後、神の右の座に着き、それからは、そ
の敵がご自分の足台となるのを待っておられるのです。キリストは
聖なるものとされる人々を、一つのささげ物によって、永遠に全う
されたのです。聖霊も私たちに次のように言って、あかしされます。
「それらの日の後、わたしが、彼らと結ぼうとしている契約は、これ
であると、主は言われる。わたしは、わたしの律法を彼らの心に置き、
彼らの思いに書きつける。」またこう言われます。「わたしは、もは
や決して彼らの罪と不法とを思い出すことはしない。」これらのこと
が赦されるところでは、罪のためのささげ物はもはや無用です。

23. **ルカ 9:23-24:** イエスは、みなの者に言われた。「だれでもわたし
について来たいと思うなら、自分を捨て、日々自分の十字架を負い、
そしてわたしについて来なさい。自分のいのちを救おうと思う者は、
それを失い、わたしのために自分のいのちを失う者は、それを救う
のです。

24. **申命記 6:4-9:** 聞きなさい。イスラエル。主は私たちの神。主はた
だひとりである。心を尽くし、精神を尽くし、力を尽くして、あな
たの神、主を愛しなさい。私がきょう、あなたに命じるこれらのこ
とばを、あなたの心に刻みなさい。これをあなたの子どもたちによ
く教え込みなさい。あなたが家にすわっているときも、道を歩くと

きも、寝るときも、起きるときも、これを唱えなさい。 これをしる
しとしてあなたの手に結びつけ、記章として額の上に置きなさい。
これをあなたの家の門柱と門に書きしるしなさい。

25. **マタイ 22:37-40:** そこで、イエスは彼に言われた。「『心を尽くし、
思いを尽くし、知力を尽くして、あなたの神である主を愛せよ。』こ
れがたいせつな第一の戒めです。『あなたの隣人をあなた自身のよ
うに愛せよ。』という第二の戒めも、それと同じようにたいせつです。
律法全体と預言者とが、この二つの戒めにかかっているのです。」

# 第11章
# 什一献金

　お金の話は、おそらく最も難しい話題の一つでしょう。それは人生の他の
どんな話題よりも不安感を引き起こすものです。お金は事実上、人々が言い
争う原因のリストの最上位にあり、数え切れないほどの人間関係を破壊して
きました。そのため、当然のことながら、神が私たちに什一献金、つまり私
たちの財源の一部を主に返却することを求められると、私たちは言い訳をし
たり、むきになったりするのです！なぜお金は私たちの中にこのような強い
感情を生み出すのでしょうか？

　イエスは聖書の中で他のどの問題よりもお金のことを語られました。イエ
スは、私たちがお金を分け合ったり、与えたり、管理したり、主や、自分た
ちよりも恵まれていない他の人たちのために手放すのに苦労するだろうこと
を知っておられました。これは、お金が私たちの血と汗と涙を表しているか
らです。実際、それは私たちが生計を立てるために注いできた命を反映して
いるのです。

　お金は、私たちがより快適に生きることを可能にしてくれます。お金は私
たちに安心感を与えることができます。しかし、お金はまた、悪用され、過
大評価されることもあります。私たちが自己評価を自分の資産に付随させる
とき、私たちはいつも危険にさらされています。お金は非常に予測不可能な
ものだからです。私たちは、病気や怪我、大災害などで一瞬にして財産を失
いうるのです。

　だからこそ、神は私たちの財産の一部を神に与えるように求めておられる
のです。神はご自身が私たちの慰めとなり、私たちを安心させるものとなる
ことを望んでおられます。神は、ご自身が宇宙の中で絶対に変わることの

ない唯一の存在であることを知っておられるからです。神以外のすべてのものは変化します。そして、さらに重要なことは、神はご自分が私たちの人生に本物の価値や値打ちを与える者になりたいと願っておられるということです。

## 什一とは？

什一という言葉は、「十分の一」という意味です。これは聖書に記されている、旧約の初期に始まった指令です（創世記 28:22[1]）。神の民が、神が彼らのためにしてくださったすべてのことへの感謝を示す術を持つために、神ご自身が什一を定められました（民数記 18:25-29[2]）。イスラエルの民は、神がすでに彼らに与えてくださっていたものの一部を神にお返しすることになっていました。彼らが自己充足的ではないことを理解するためでした。

自分たちの最高の働きと産物の十分の一を主に返すことは、人々が高慢で利己的になるのを防ぐための方法でもありました。それは彼らに神を敬うことを教えました。なぜなら、神は文字通りに天と地を所有されており、よって、尊敬を受けるにふさわしいお方だからです（申命記 14:22-23[3]; レビ記 27:30[4]）。

それと同じように、什一献金は今日の私たちに多くの恩恵をもたらしています。本当のところ、神は私たちのお金を必要としてはおられません！しかし、私たちが執着し、ため込みたいものを、愛をもって神に差し上げるとき、私たちは自分たちの財源を握りしめがちな鉄の拳を緩めるのです。什一を捧げるとき、私たちは本質的に、私たちが持っているものはすべて神から来ていること、私たちが神の備えを信頼していること、そして神が私たちの人生から最高の「収穫」を得るにふさわしいお方であることを私たちが認識していることを認めているのです。

## でも、イヤです！

私は教会に出席し、聖書を読み、祈る人々に話をしてきました。**けれど**、彼らは什一献金を拒むのです。神に対するこの反抗の背後にある本当の姿勢は、プライド、恐れ、貪欲です。人々は「私には生活していくのに十分なお

金がないのに、どうやって神に献金しろと言うのか？」と言ったり、「この
お金は私が稼いだのだから、貧しい人や教会のために捨てるつもりはない！」
と叫んだり、あるいは、「什分の一は旧約の慣例であり、今日の私の状況と
は何の関係もありません」と言うかもしれません。

　しかしながら、これらは神が求められたことをしないための言い訳に過ぎ
ません。聖書は、従順と不従順のもたらす結果について明確に述べています。
私たちは自分の選択に対して、良い報いか悪い報いかのどちらかを受けます。
誤解しないでください。神は貪欲な人について多くのことを語られています
（エペソ 5:5$_5$; コロサイ 3:5$_6$; テモテ 3:1-5$_7$）。事実、むさぼりは殺人や憎し
みと並んで挙げられているのです（ローマ 1:29-32$_8$）！

　加えて、什一献金を拒む人々は、神が正当に所有し、受けるにふさわしい
ものを神に差し上げることが、本当に喜びであり、自由であることを理解し
ていません。私たちが神の摂理に従って私たちのお金を取り扱うとき、財源
を失うことや、正しく管理し損ねたりすることに関して私たちが経験する恐
怖の大半が減少するのです。

## 什一献金と捧げ物

　イエスご自身が什分の一を納めなさいと言っておられます（マタイ 23：
23$_9$）。旧約と新約の什一の違いは、私たちの献金は、私たちのお金の「十分
の一」というよりも、私たちのお金に対する「割合」であるということだけ
です。多くを持っていれば，多くを捧げます。あまり持っていなければ、そ
れよりも少なく捧げます（2 コリント 8：1-15$_{10}$）。あなたの什一献金は、
週ごとにでも月ごとにでも、あなたの好きなように行なえます。

　さらに、什一献金を行うことは聖書的であるだけでなく、論理的でもあり
ます。教会とその働き手は活動するための資金を必要としています！さらに、
神の御国のために働き、奉仕する人たちの必要を、神の民がまかなうことは、
神のご計画なのです（1 コリント 9:13-14$_{11}$; ガラテヤ 6:6$_{12}$）。

　個人的に言えば、私が什分の一を納める主な理由は、私がイエスを愛して
いるからです。イエスが私に本当に惜しみなく与えてくださったものを、主
にお返しすることは、私にとって光栄なことであり、特権なのです。主は、

物質的な祝福よりもはるかに多くのものを与えてくださっています。さらに聖書は、神にとっては、私たちがどのような態度で献金するかが、お金そのものと同じように重要であると教えています（2コリント9：5-15[13]）。神は喜んで与える人を愛してくださいます。

献げ物というのは、什分の一とは別に捧げられる贈り物です。教会に付加的な必要ができたときや、誰かを助けるようにと主から促されるときには、いつでも捧げることができます。これは宣教師や貧しい人々、また苦労しているかもしれない他の信者たちに、追加で捧げるお金です（申命記16:9-10[14]）。

私は神をより深く信頼するようになるにつれ、自分自身がより惜しみなく与えていることに気づきます。そして神は一度も私を失望させたことがありません。私はこの点において愛を持って神に従うことから、とても多くの恩恵に預かっています。私が金銭面のコントロールを緩める時、喜びと平安と満足感が私のものになります。私は「何かを得るために与える」のではありませんが、神の経済においては、神が望まれるような生き方をするとき、私たちは必ず何か良いものを刈り取るのです。

結論はこれです。什一献金と捧げ物は、主を本当に敬うためには、愛と気遣いの精神で捧げられなければなりません。実に、それが恨みがましく、いやいやながら、義務的に捧げられるのなら、主は私たちのお金を望まれません（ルカ11：42[15]）。そして、主は私たちの「残り物」を欲してはおられません。主は、私たちが捧げることができる最高のものを望んでおられるのです（申命記17：1[16]）。

## 与えることと受けることについての神の原則

聖書は、神の道と思いが私たちのものよりもはるかに上にあることを教えています（イザヤ55:8-9[17]）。神の道徳と価値観は純粋です。そのため、神のやり方は、私たちが正しいと思っていることとは正反対に見えることがよくあります（言16:25[18]）。このことが一番明らかであるのは、与えることにおいてです。神が私たちに与えるよう求められるとき、特に私たちには何も与えることのできるものがないように見えるときには、まったく愚かであ

るように感じることがあります！しかし、神の導きに従うときにだけ、私たちが利他的に与えれば経験するものとして聖書が教えてくれているような、素晴らしい「喜び」を経験することができるのです（使徒 20：33-35[19]）。

　私たちの「心」、つまり私たちの中心にある意図が、私たちが何を言い、何をし、何を考えるかを決定します。イエスは「人の口は、心に満ちているものを話す」と言っておられます（ルカ 6:45[20]）。同様に、私たちの内面の本当の状態は、私たちが無欲に他の人を助け、神を敬うときに示される願望と能力によって映し出されます。私たちの心の動機は、私たちの人生における最も重要な側面であり、主が最も関心を持っておられるものなのです（言 4:23[21]；マタイ 15:16-20[22]）。

　私はよくこう言います。「神のやり方でやれば、神の結果が得られます。あなたのやり方でやれば、あなたの結果を得ることになります」と。私には、「自分のやり方」による結果に失望させられたことが数え切れないほどあります！自分のやり方に意図的に背を向け、主の指示に従うことを選んだからこそ、喜び、平安、満足を経験するようになった人たちが数え切れないほどいます。

　私たちが深く神を愛し、信頼すると、私たちは自然と神に従い、他者に仕えることによって神に仕えるようになります。私たちは、自分の時間、才能、宝を惜しみなく使うようになると、大きな喜びと好意を経験するようになります（詩篇 112[23]）。これは、惜しみなく与えれば金持ちになるという意味ではありません！しかし、私たちの焦点は、自己中心から他者中心へと変わります。

　多くの場合、私たちは自分自身を捧げることへの報酬として、平安と満足感を得ます。天の報酬の膨大な力を過小評価しないでください。それは、私たちが想像している以上に素晴らしいものなのです！このような惜しみない生き方こそが、私たちのための神の壮大なご計画であり、神はこのような生き方を高く評価されるのです（ルカ 6:38[24]）。

　反対に、お金を出し惜しみすると、心痛以外の何物ももたらしません（言 1:19[25]；2 ペテロ 2:19[26]）。お金は悪だという言葉を聞いたことがあるかもしれませんが、聖書には「お金を愛することがあらゆる悪の根源である」

と書かれています（伝道者 5:10-11[27]; 1 テモテ 6:6-10[28]）。お金自体は中立的なものですが、私たちがそれにそそぐ愛情が、それをとても危険で有害なものにしうるのです。このタイプの隷属こそが、神が私たちに避けてほしいと願われるものなのです。実際、神は与えるお方であり、神は、私たちが自分自身や自分の財力を惜しみなく与えることを喜ばれます。

喜んで惜しみなく与え
ることには、
大きな自由と喜びがあ
ります！

# 第11章
# 聖句集

1.  **創世記 28:22:**「私が石の柱として立てたこの石は神の家となり、すべてあなたが私に賜わる物の十分の一を私は必ずあなたにささげます。」

2.  **民数記 18:25-29:** 主はモーセに告げて仰せられた。「あなたはレビ人に告げて言わなければならない。わたしがあなたがたに相続財産として与えた十分の一を、イスラエル人から受け取るとき、あなたがたはその十分の一の十分の一を、主への奉納物として供えなさい。これは、打ち場からの穀物や、酒ぶねからの豊かなぶどう酒と同じように、あなたがたの奉納物とみなされる。それで、あなたがたもまた、イスラエル人から受け取るすべての十分の一の中から、主への奉納物を供えなさい。その中から主への奉納物を祭司アロンに与えなさい。あなたがたへのすべての贈り物のうち、それぞれ最上の部分で聖別される分のうちから主へのすべての奉納物を供えなさい。

3.  **申命記 14:22-23:** あなたが種を蒔いて、畑から得るすべての収穫の十分の一を必ず毎年ささげなければならない。主が御名を住まわせるために選ぶ場所、あなたの神、主の前で、あなたの穀物や新しいぶどう酒や油の十分の一と、それに牛や羊の初子を食べなさい。あなたが、いつも、あなたの神、主を恐れることを学ぶために。

4.  **レビ記 27:30:** こうして地の十分の一は、地の産物であっても、木の実であっても、みな主のものである。それは主の聖なるものである。

5.  **エペソ 5:5:** あなたがたがよく見て知っているとおり、不品行な者

や、汚れた者や、むさぼる者——これが偶像礼拝者です。——こういう人はだれも、キリストと神との御国を相続することができません。

6. **コロサイ 3:5:** ですから、地上のからだの諸部分、すなわち、不品行、汚れ、情欲、悪い欲、そしてむさぼりを殺してしまいなさい。このむさぼりが、そのまま偶像礼拝なのです。

7. **2 テモテ 3:1-5:** 終わりの日には困難な時代がやって来ることをよく承知しておきなさい。 そのときに人々は、自分を愛する者、金を愛する者、大言壮語する者、不遜な者、神をけがす者、両親に従わない者、感謝することを知らない者、汚れた者になり、情け知らずの者、和解しない者、そしる者、節制のない者、粗暴な者、善を好まない者になり、裏切る者、向こう見ずな者、慢心する者、神よりも快楽を愛する者になり、見えるところは敬虔であっても、その実を否定する者になるからです。こういう人々を避けなさい。

8. **ローマ 1:29-32:** 彼らは、あらゆる不義と悪とむさぼりと悪意とに満ちた者、ねたみと殺意と争いと欺きと悪だくみとでいっぱいになった者、陰口を言う者、そしる者、神を憎む者、人を人と思わぬ者、高ぶる者、大言壮語する者、悪事をたくらむ者、親に逆らう者、わきまえのない者、約束を破る者、情け知らずの者、慈愛のない者です。彼らは、そのようなことを行なえば、死罪に当たるという神の定めを知っていながら、それを行なっているだけでなく、それを行なう者に心から同意しているのです。

9. **マタイ 23:23:** 忌わしいものだ。偽善の律法学者、パリサイ人たち。あなたがたは、はっか、いのんど、クミンなどの十分の一を納めているが、律法の中ではるかに重要なもの、すなわち正義もあわれみも誠実もおろそかにしているのです。これこそしなければならないことです。ただし、他のほうもおろそかにしてはいけません。

10. **2 コリント 8:1-15:** さて、兄弟たち。私たちは、マケドニヤの諸教会に与えられた神の恵みを、あなたがたに知らせようと思います。苦しみゆえの激しい試練の中にあっても、彼らの満ちあふれる喜び

は、その極度の貧しさにもかかわらず、あふれ出て、その惜しみな
く施す富となったのです。 私はあかしします。彼らは自ら進んで、
力に応じ、いや力以上にささげ、聖徒たちをささえる交わりの恵み
にあずかりたいと、熱心に私たちに願ったのです。 そして、私たち
の期待以上に、神のみこころに従って、まず自分自身を主にささげ、
また、私たちにもゆだねてくれました。 それで私たちは、テトスが
すでにこの恵みのわざをあなたがたの間で始めていたのですから、
それを完了させるよう彼に勧めたのです。 あなたがたは、すべての
ことに、すなわち、信仰にも、ことばにも、知識にも、あらゆる熱
心にも、私たちから出てあなたがたの間にある愛にも富んでいるよ
うに、この恵みのわざにも富むようになってください。 こうは言っ
ても、私は命令するのではありません。ただ、他の人々の熱心さを
もって、あなたがた自身の愛の真実を確かめたいのです。 あなたが
たは、私たちの主イエス・キリストの恵みを知っています。すなわち、
主は富んでおられたのに、あなたがたのために貧しくなられました。
それは、あなたがたが、キリストの貧しさによって富む者となるた
めです。 この献金のことについて、私の意見を述べましょう。それ
はあなたがたの益になることだからです。あなたがたは、このこと
を昨年から、他に先んじて行なっただけでなく、このことを他に先
んじて願った人たちです。 ですから、今、それをし遂げなさい。喜
んでしようと思ったのですから、持っている物で、それをし遂げる
ことができるはずです。 もし熱意があるならば、持たない物によっ
てではなく、持っている程度に応じて、それは受納されるのです。
私はこのことによって、他の人々には楽をさせ、あなたがたには苦
労をさせようとしているのではなく、平等を図っているのです。 今
あなたがたの余裕が彼らの欠乏を補うなら、彼らの余裕もまた、あ
なたがたの欠乏を補うことになるのです。こうして、平等になるの
です。「多く集めた者も余るところがなく、少し集めた者も足りな
いところがなかった。」と書いてあるとおりです。

**11.** **1 コリント 9:13-14:** あなたがたは、宮に奉仕している者が宮の物
を食べ、祭壇に仕える者が祭壇の物にあずかることを知らないので

すか。 同じように、主も、福音を宣べ伝える者が、福音の働きから生活のささえを得るように定めておられます。

12. **ガラテヤ 6:6:** みことばを教えられる人は、教える人とすべての良いものを分け合いなさい。

13. **2 コリント 9:5-15:** そこで私は、兄弟たちに勧めて、先にそちらに行かせ、前に約束したあなたがたの贈り物を前もって用意していただくことが必要だと思いました。どうか、この献金を、惜しみながらするのではなく、好意に満ちた贈り物として用意しておいてください。 私はこう考えます。少しだけ蒔く者は、少しだけ刈り取り、豊かに蒔く者は、豊かに刈り取ります。 ひとりひとり、いやいやながらでなく、強いられてでもなく、心で決めたとおりにしなさい。神は喜んで与える人を愛してくださいます。 神は、あなたがたを、常にすべてのことに満ちたりて、すべての良いわざにあふれる者とするために、あらゆる恵みをあふれるばかり与えることのできる方です。「この人は散らして、貧しい人々に与えた。その義は永遠にとどまる。」と書いてあるとおりです。 蒔く人に種と食べるパンを備えてくださる方は、あなたがたにも蒔く種を備え、それをふやし、あなたがたの義の実を増し加えてくださいます。 あなたがたは、あらゆる点で豊かになって、惜しみなく与えるようになり、それが私たちを通して、神への感謝を生み出すのです。 なぜなら、この奉仕のわざは、聖徒たちの必要を十分に満たすばかりでなく、神への多くの感謝を通して、満ちあふれるようになるからです。 このわざを証拠として、彼らは、あなたがたがキリストの福音の告白に対して従順であり、彼らに、またすべての人々に惜しみなく与えていることを知って、神をあがめることでしょう。 また彼らは、あなたがたのために祈るとき、あなたがたに与えられた絶大な神の恵みのゆえに、あなたがたを慕うようになるのです。 ことばに表わせないほどの賜物のゆえに、神に感謝します。

14. **申命記 16:9-10:** 七週間を数えなければならない。かまを立穂に入れ始める時から、七週間を数え始めなければならない。 あなたの神、

主のために七週の祭りを行ない、あなたの神、主が賜わる祝福に応じ、進んでささげるささげ物をあなたの手でささげなさい。

15. **ルカ 11:42:** だが、忌まわしいものだ。パリサイ人。あなたがたは、はっか、うん香、あらゆる野菜などの十分の一を納めているが、公義と神への愛とはなおざりにしています。これこそ、実行しなければならない事がらです。ただし他のほうも、なおざりにしてはいけません。

16. **申命記 17:1:** 悪性の欠陥のある牛や羊を、あなたの神、主にいけにえとしてささげてはならない。それは、あなたの神、主の忌みきらわれるものだからである。

17. **イザヤ 55:8-9:** 「わたしの思いは、あなたがたの思いと異なり、わたしの道は、あなたがたの道と異なるからだ。——主の御告げ。—— 天が地よりも高いように、わたしの道は、あなたがたの道よりも高く、わたしの思いは、あなたがたの思いよりも高い。

18. **言 16:25:** 人の目にはまっすぐに見える道がある。その道の終わりは死の道である。

19. **使徒 20:33-35:** 「私は、人の金銀や衣服をむさぼったことはありません。 あなたがた自身が知っているとおり、この両手は、私の必要のためにも、私とともにいる人たちのためにも、働いて来ました。このように労苦して弱い者を助けなければならないこと、また、主イエスご自身が、『受けるよりも与えるほうが幸いである。』と言われたみことばを思い出すべきことを、私は、万事につけ、あなたがたに示して来たのです。」

20. **ルカ 6:45:** 良い人は、その心の良い倉から良い物を出し、悪い人は、悪い倉から悪い物を出します。なぜなら人の口は、心に満ちているものを話すからです。

21. **言 4:23:** 力の限り、見張って、あなたの心を見守れ。いのちの泉はこれからわく。

22. **マタイ 15:16-20:** イエスは言われた。「あなたがたも、まだわから

ないのですか。 口にはいる物はみな、腹にはいり、かわやに捨てられることを知らないのですか。 しかし、口から出るものは、心から出て来ます。それは人を汚します。 悪い考え、殺人、姦淫、不品行、盗み、偽証、ののしりは心から出て来るからです。 これらは、人を汚すものです。しかし、洗わない手で食べることは人を汚しません。」

23. **詩篇 112:** ハレルヤ。幸いなことよ。主を恐れ、その仰せを大いに喜ぶ人は。 その人の子孫は地上で力ある者となり、直ぐな人たちの世代は祝福されよう。 繁栄と富とはその家にあり、彼の義は永遠に堅く立つ。 主は直ぐな人たちのために、光をやみの中に輝かす。主は情け深く、あわれみ深く、正しくあられる。 しあわせなことよ。情け深く、人には貸し、自分のことを公正に取り行なう人は。 彼は決してゆるがされない。正しい者はとこしえに覚えられる。 その人は悪い知らせを恐れず、主に信頼して、その心はゆるがない。 その心は堅固で、恐れることなく、自分の敵をものともしないまでになる。彼は貧しい人々に惜しみなく分け与えた。彼の義は永遠に堅く立つ。その角は栄光のうちに高く上げられる。悪者はそれを見ていらだち、歯ぎしりして溶け去る。悪者の願いは滅びうせる。

24. **ルカ 6:38:** 与えなさい。そうすれば、自分も与えられます。人々は量りをよくして、押しつけ、揺すり入れ、あふれるまでにして、ふところに入れてくれるでしょう。あなたがたは、人を量る量りで、自分も量り返してもらうからです。

25. **言 1:19:** 利得をむさぼる者の道はすべてこのようだ。こうして、持ち主のいのちを取り去ってしまう。

26. **2 ペテロ 2:19:** その人たちに自由を約束しながら、自分自身が滅びの奴隷なのです。人はだれかに征服されれば、その征服者の奴隷となったのです。

27. **伝道者 5:10-11:** 金銭を愛する者は金銭に満足しない。富を愛する者は収益に満足しない。これもまた、むなしい。 財産がふえると、寄食者もふえる。持ち主にとって何の益になろう。彼はそれを目で見るだけだ。

**28.** **1 テモテ 6:6-10:** しかし、満ち足りる心を伴う敬虔こそ、大きな利益を受ける道です。 私たちは何一つこの世に持って来なかったし、また何一つ持って出ることもできません。 衣食があれば、それで満足すべきです。 金持ちになりたがる人たちは、誘惑とわなと、また人を滅びと破滅に投げ入れる、愚かで、有害な多くの欲とに陥ります。金銭を愛することが、あらゆる悪の根だからです。ある人たちは、金を追い求めたために、信仰から迷い出て、非常な苦痛をもって自分を刺し通しました。

第12章
# 罪

　たいていの人は「聖餐」という言葉を聞いたことがあり、それはウエハースとワインまたはグレープジュースを使って「教会で行われる」ものだというイメージを持っているかもしれません。これは正しい描写ではあります。しかし、聖餐という慣習の背後にある実体は、イエス・キリストから救いを受けた人々に神がご自分の性質を分け与えられるという、非常に美しい図式なのです。

　聖餐という言葉は「共有する」と言う意味のギリシャ語のコイノニアから来ています。これは、思考、感情、習慣を共有することを表し得ます。聖餐（communion）という言葉自体は欽定訳聖書にのみ登場し、新約聖書の中に4回だけ登場します。それ以外では、コイノニアは、「交わり」、「仲間」、「あずかる者」（参加する人、共有する人、加わる人）と訳されることがあります。

## 聖書的な聖餐

　新約聖書は、イエスが弟子たちに定期的に聖餐を行うように指示されたと教えています（1コリント 11:23-26[1]）。イエスが裏切られたまさにその夜、十字架につけられる直前に、イエスは末永く残ることばを語られ、それによって弟子たちがご自分のことを覚えることを望まれました。イエスが彼らとともにされた食事は「最後の晩餐」と呼ばれています。それはイエスが彼らと一緒に食べた最後の食事だったからです。食事が終わりに近づくと、イエスはパンを割いて、そのパンとぶどう酒を最愛の友たちに与えられました。

　イエスは、そのパンは、ご自分が世の罪を負われる時に十字架の上で裂かれるご自分の体を象徴するものであると説明されました。杯は、彼らのため

169

に、また後の世代の信者たちのために流されるご自身の血の象徴であると説明されました。主の血が流されたのは、私たちを赦し、私たちを清め、私たちを罪から洗ってくださるためでした。

聖餐は「主の晩餐」とも呼ばれています（使徒 2:42-47[2]）。イエスは、これらの人々に、イエスの死後、彼らが集まるときにはいつでも、パンとぶどう酒を分け合い続けるようにと指示されました（ルカ 22:14-20[3]）。イエスは、彼らがパンとぶどう酒を受け取るとき、それは、「新しい契約」を確立させたご自分の犠牲を思い起こさせるものであると言われました。

「新しい契約」は、キリストが来られる何百年も前に旧約聖書で予告されていました。この契約、つまり約束は、イエスが罪の赦しのために、一度きりの血の犠牲を払ってくださったというものです。私たちが主イエスによって赦され、救われると、主の聖い御霊が私たち自身の神との交わり、すなわち関係を完成させてくださいます（エレミヤ 31:33-34[4]；2 コリント 3:3-11[5]）。

覚えておいてください、旧約は雄牛と子羊の血によるいけにえの制度であり、日々、年々、行われなければなりませんでした。しかし、この制度全体は、キリストの栄光の犠牲を予示するものに過ぎませんでした。その犠牲とは、キリストを信じることを選んだ人々が赦され、神と和解することができるようにするための、キリストご自身の死でした。私たちの主の到来によって、この古い制度はもはや必要がなくなり、無効にされました。

## 過越の食事

ルカによる福音書 22 章 15[6] 節で、イエスが聖餐を「過越しの食事」と呼ばれたことはとても興味深いことです。旧約の過越しは、イエスが誕生する何百年も前に起こりました。これはユダヤ人がエジプトを出ようとしていた時の話です。彼らはそこで 400 年間、奴隷となっていました。しかし、神は彼らを解放し、「約束の地」に連れて行こうとされていました。この「（約束の）地」とは、現在のイスラエルとその周辺の地域のことです。

ちなみに、私はユダヤ人が奴隷の境遇から解放されたこの話を、イエスが私たちの罪のために代価を支払われたことを私たちが受け入れるときに私た

ちが受け取る自由と結び付けたいと思います。そして、彼らが約束の地に入ったように、クリスチャンにとっての「約束の地」とは、現在における神との親密な関係であり、また将来において神とともに過ごす永遠のいのちであると信じています。

過越しの話によると、エジプトの王パロはヘブル人の奴隷をなかなか手放せないでいました。神は、パロにユダヤ人をその支配から解放させるために、疫病を次々と送り込んで介入されました。神が最後に与えた災いは「死の御使い」でした。その御使いは、その地域のすべての長子と雄の動物を殺すために遣わされました（出エジプト記 12:11-13[7]）。興味深いことに、出エジプト記 (Exodus) と名付けられているのは、それが「出発する」という意味だからです。

さて、神はご自分の民を守りたかったので、イスラエルの民に子羊を屠って、その血を家の門柱に塗るように指示されました。死の御使いがその家に近づくにつれ、彼は「（血の）塗られた」家の初子とその家の家畜の初子を「過越し」た、すなわち、見過ごしたのです。ゆえに、「過越し」という名前です。

その上、ユダヤ人は旅に出る前に、子羊の肉とパンを食べることになっていました。そのパンは、パン種の入っていないものでなければなりませんでした（つまり、そのパンには酵母が加えられませんでした）。パンが膨らむのを待つ時間がなかったからです。彼らは即座に出発できるように準備しておかなければなりませんでした。

これはすべて、イエスに関連していて、非常に重要なことです。第一に、イエスが雄の子羊なのであり、完璧な生け贄なのです（ヨハネ 1:29-30[8]）。イエスはご自身の血を捧げられました。それは象徴的に信者の人生の「門柱を覆う」ものであり、今や、私たちの人生の裁きは過ぎ越されています。この驚くべき贈り物のおかげで、クリスチャンは今、霊の死と、神からの永遠の離別を免れているのです。

さらに、ユダヤ人はイエスと同じように、苦しみが始まる前に過越しの食事をしました（ルカ 22:15[9]再参照）。そして、出エジプト記の話の中で神の民が即時に出発する準備をしておかなければならなかったように、私たちも主の戻って来られるのを期待して、いつでも準備をしていなければならない

のです（1テサロニケ5:2[10]）。

## 聖餐の動機

　聖餐とは何かを理解したところで、聖餐を真剣に受けることの重要性に目を向けましょう。聖書によると、聖餐を軽んじたり、悔い改めずに行ったりすると、私たちは実際に我が身に害を招いてしまう可能性があります（1コリント11:27-32[11]）。この聖書箇所には、コリントの人々が聖餐の際にパンとぶどう酒を使ってお腹を満たし、酔っぱらっていたことについて書かれています！

　私たちがこのような理由で聖餐を受ける可能性はあまりありません。しかし、これはパンとぶどう酒にあずかる前に、自分の人生にある罪を告白し、悔い改めていないのならば、聖餐にあずからないようにとの私たちへの警告でもあります。私たちは軽率に神との聖餐を受けてはいけないのです！私たちは主の晩餐を食べたり飲んだりする前に、自分の心の内と、外に表れる行動を吟味して、神との正しい関係にあることを確認するように命じられています（ヘブル10:29[12]）。クリスチャンとして、私たちは尊く高価な代価によって贖われています。ですから、そのような愛と犠牲によって与えられたものを、軽んじないようにしましょう（1ペテロ1:18-20[13]）。

　クリスチャン生活を続けていくと、私たちは無意識のうちに、生き生きとした力強い生き方をするよりも、イエスとイエスの命令を儀式的あるいは習慣的なものにしてしまい始めることがあります。私たちの信仰から生気、愛、力がなくなりつつも、私たちが「形だけで」続けていくとき、これは基本的に宗教と呼ばれます。イエスは宗教を忌み嫌われます！イエスは私たちと、生き生きとした、成長し続ける、刺激的な関係を持つことを望んでおられます。私たちは日々この愛のつながりを守り、イエスとの結びつきを養うために、意図的な選択をする必要があります。

　イエスのために生きることは、あなたが想像もできないような最も胸躍るような経験になり得るのです！しかし、それを維持するには時間と努力が必要です。この本が、あなたがクリスチャン生活の基本的な真理を理解する助けになったことを祈ります。私は、あなたが主イエス・キリストを喜ばせる

人生を送るために、聖霊の力を受けることができるようにお祈りします。そして、あなたが自分の人生を完全に主に委ねることができるようにお祈りします。人生には常に困難がつきものですが、あなたがイエスを最優先するとき、あなたは思いもよらなかったような勝利と成功を得ることができるようになるでしょう。

　この最後のクラスの後に時間があれば、これらの学びから学んだことをグループで共有する時間を取るとよいでしょう。今日からイエスをもっと深く愛し、仕え始めることのできる方法を書き出してみましょう。

　　　　シャロン

毎日、イエスを最優先
することを目指しま
しょう!

# 聖句集

1. **1 コリント 11:23-26:** 私は主から受けたことを、あなたがたに伝えたのです。すなわち、主イエスは、渡される夜、パンを取り、感謝をささげて後、それを裂き、こう言われました。「これはあなたがたのための、わたしのからだです。わたしを覚えて、これを行ないなさい。」夕食の後、杯をも同じようにして言われました。「この杯は、わたしの血による新しい契約です。これを飲むたびに、わたしを覚えて、これを行ないなさい。」ですから、あなたがたは、このパンを食べ、この杯を飲むたびに、主が来られるまで、主の死を告げ知らせるのです。

2. **使徒 2:42-47:** そして、彼らは使徒たちの教えを堅く守り、交わりをし、パンを裂き、祈りをしていた。 そして、一同の心に恐れが生じ、使徒たちによって、多くの不思議なわざとあかしの奇蹟が行なわれた。 信者となった者たちはみないっしょにいて、いっさいの物を共有にしていた。 そして、資産や持ち物を売っては、それぞれの必要に応じて、みなに分配していた。 そして毎日、心を一つにして宮に集まり、家でパンを裂き、喜びと真心をもって食事をともにし、神を賛美し、すべての民に好意を持たれた。主も毎日救われる人々を仲間に加えてくださった。

3. **ルカ 22:14-20:** さて時間になって、イエスは食卓に着かれ、使徒たちもイエスといっしょに席に着いた。 イエスは言われた。「わたしは、苦しみを受ける前に、あなたがたといっしょに、この過越の食事をすることをどんなに望んでいたことか。 あなたがたに言いま

すが、過越が神の国において成就するまでは、わたしはもはや二度と過越の食事をすることはありません。」そしてイエスは、杯を取り、感謝をささげて後、言われた。「これを取って、互いに分けて飲みなさい。 あなたがたに言いますが、今から、神の国が来る時までは、わたしはもはや、ぶどうの実で造った物を飲むことはありません。」それから、パンを取り、感謝をささげてから、裂いて、弟子たちに与えて言われた。「これは、あなたがたのために与える、わたしのからだです。わたしを覚えてこれを行ないなさい。」食事の後、杯も同じようにして言われた。「この杯は、あなたがたのために流されるわたしの血による新しい契約です。」

4.  **エレミヤ 31:33-34:** 彼らの時代の後に、わたしがイスラエルの家と結ぶ契約はこうだ。――主の御告げ。――わたしはわたしの律法を彼らの中に置き、彼らの心にこれを書きしるす。わたしは彼らの神となり、彼らはわたしの民となる。そのようにして、人々はもはや、『主を知れ。』と言って、おのおの互いに教えない。それは、彼らがみな、身分の低い者から高い者まで、わたしを知るからだ。――主の御告げ。――わたしは彼らの咎を赦し、彼らの罪を二度と思い出さないからだ。」

5.  **2 コリント 3:3-11:** あなたがたが私たちの奉仕によるキリストの手紙であり、墨によってではなく、生ける神の御霊によって書かれ、石の板にではなく、人の心の板に書かれたものであることが明らかだからです。 私たちはキリストによって、神の御前でこういう確信を持っています。 何事かを自分のしたことと考える資格が私たち自身にあるというのではありません。私たちの資格は神からのものです。 神は私たちに、新しい契約に仕える者となる資格をくださいました。文字に仕える者ではなく、御霊に仕える者です。文字は殺し、御霊は生かすからです。 もし石に刻まれた文字による、死の務めにも栄光があって、モーセの顔の、やがて消え去る栄光のゆえにさえ、イスラエルの人々がモーセの顔を見つめることができなかったほどだとすれば、まして、御霊の務めには、どれほどの栄光があることでしょう。 罪に定める務めに栄光があるのなら、義とする務めには、

なおさら、栄光があふれるのです。 そして、かつて栄光を受けたものは、このばあい、さらにすぐれた栄光のゆえに、栄光のないものになっているからです。 もし消え去るべきものにも栄光があったのなら、永続するものには、なおさら栄光があるはずです。

6. **ルカ 22:15:** イエスは言われた。「わたしは、苦しみを受ける前に、あなたがたといっしょに、この過越の食事をすることをどんなに望んでいたことか。

7. **出エジプト 12:11-13:** あなたがたは、このようにしてそれを食べなければならない。腰の帯を引き締め、足に、くつをはき、手に杖を持ち、急いで食べなさい。これは主への過越のいけにえである。その夜、わたしはエジプトの地を巡り、人をはじめ、家畜に至るまで、エジプトの地のすべての初子を打ち、また、エジプトのすべての神々にさばきを下そう。わたしは主である。 あなたがたのいる家々の血は、あなたがたのためにしるしとなる。わたしはその血を見て、あなたがたの所を通り越そう。わたしがエジプトの地を打つとき、あなたがたには滅びのわざわいは起こらない。

8. **ヨハネ 1:29-30:** その翌日、ヨハネは自分のほうにイエスが来られるのを見て言った。「見よ、世の罪を取り除く神の小羊。 私が『私のあとから来る人がある。その方は私にまさる方である。私より先におられたからだ。』と言ったのは、この方のことです。

9. **ルカ 22:15:** イエスは言われた。「わたしは、**苦しみを受ける前に、**あなたがたといっしょに、この過越の食事をすることをどんなに望んでいたことか。

10. **1 テサロニケ 5:2:** 主の日が夜中の盗人のように来るということは、あなたがた自身がよく承知しているからです。

11. **1 コリント 11:27-32:** したがって、もし、ふさわしくないままでパンを食べ、主の杯を飲む者があれば、主のからだと血に対して罪を犯すことになります。 ですから、ひとりひとりが自分を吟味して、そのうえでパンを食べ、杯を飲みなさい。 みからだをわきまえない

で、飲み食いするならば、その飲み食いが自分をさばくことになります。 そのために、あなたがたの中に、弱い者や病人が多くなり、死んだ者が大ぜいいます。 しかし、もし私たちが自分をさばくなら、さばかれることはありません。 しかし、私たちがさばかれるのは、主によって懲らしめられるのであって、それは、私たちが、この世とともに罪に定められることのないためです。

12. **ヘブル 10:29:** まして、神の御子を踏みつけ、自分を聖なるものとした契約の血を汚れたものとみなし、恵みの御霊を侮る者は、どんなに重い処罰に値するか、考えてみなさい。

13. **1 ペテロ 1:18-20:** ご承知のように、あなたがたが先祖から伝わったむなしい生き方から贖い出されたのは、銀や金のような朽ちる物にはよらず、傷もなく汚れもない小羊のようなキリストの、尊い血によったのです。 キリストは、世の始まる前から知られていましたが、この終わりの時に、あなたがたのために、現われてくださいました。

# 著者について

　シャロン・ドゥトラはかつて、自分の人生を嫌悪するホームレスの麻薬中毒者でした。彼女は何度か自殺を試みました。服役中に、彼女は自らの人生にイエス・キリストを受け入れ、以来、彼女は変えられました。

　神は彼女に指導と伝道の賜物を授けられました。彼女の著書は、これらの賜物の実です。シャロンの最大の望みは、人々をキリストに導き、イエス・キリストの活力に満ちた弟子になるよう彼らを備えることです。本書はシンプルでわかりやすく、クリスチャンが聖書から信仰の基礎的な教義を学ぶのに役立つでしょう。

　「人生にある嫌なことに立ち向かうのは簡単ではありません。でも、シャロン・ドゥトラがするのは、まさにそのことです。彼女はそれらに取り組むだけでなく、神のすべての武具を身にまとい、あなたの信仰において、あなたといっしょに、また、あなたに寄り添って戦いに臨んでくれます。彼女はその過程であなたに必要な手段を教授してくれます。シャロンに教えてもらったおかげで、私は日常生活においてより勝利を収めるクリスチャンになりました。シャロンは、他の人々の人生に平安と平穏をもたらすことを願っている、聖霊に導かれた、賜物のある作家です。彼女は人生の最も困難な問題に立ち向かう手助けをしてくれます。彼女の証は希望をもたらし、彼女の教えと文章は変化をもたらし、神に対する彼女のカリスマ的で透明な愛は、イエス・キリストを信じることを選ぶ人々にインスピレーションをもたらします。シャロンは、彼女の心と魂、そしてその洞察力を執筆に注ぎ込んでいます。彼女の本は、教えやすく、応用しやすく、人生を変えるものとなるよ

うに、シンプルに書かれています。彼女の心にある究極の目標と願いは、他の人々がキリストとの日々の歩みの中で「変えられる」のを助けることです。私たちは一年半にわたってシャロンの教えを受けてきましたが、私たちもまた人生の大部分が変えられたことを、ここで証したいと思います。人生を変える贈り物を分かち合ってくれたシャロンに感謝します。イエスのためのあなたの光が、今後の執筆活動やミニストリーを通して輝き続けることを祈ります。あなたが前進していく中で、多くの祝福がありますように。進み続けるクリスチャン兵士よ！感謝の心と癒された魂をもって」

　－マイケル＆スーザン・グイン　－カリフォルニア州サン・ルイス・オビスポ市－


　イエスは地上でのお働きが完了すると、天に昇る直前に、ご自分に従う者たちに次のような命令を与えられました。「あらゆる国の人々を弟子としなさい。また、わたしがあなたがたに命じておいたすべてのことを守るように、彼らを教えなさい。」

　このことを念頭に置いて、シャロン・ドゥトラは、新しく弟子になった人や、再び弟子としてやり直す人たちがイエスとの歩みの中で成長するのを助けるために、「基本に立ち返って」聖書を学ぶための書を執筆しました。これは、新しい信者が成熟したイエス・キリストの弟子へと成長していくのを見るのが大好きな私たちにとって、素晴らしい助けです。


　　　ロン・ディー副牧師
　　　ハーベスト教会
　　　カリフォルニア州アロヨ・グランデ市